Benczur Gyula

Ludwig Merkle

Sissi

Die schöne Kaiserin

Bruckmann

Titelmotiv: Kaiserin Elisabeth im ungarischen Krönungsornat, gemalt 1867 von Georg Raab (Ausschnitt, siehe auch Seite 63).

Seite 1: Sisi, gemalt von dem Ungarn Gyula Benczúr, der in München Akademieprofessor war.

Seite 2/3: Parforcejagd in Schlesien. Mittendrin, als Schimmelreiterin, Kaiserin Elisabeth.

Seite 4/5: Schloß Laxenburg, südlich von Wien, wo Sisi ihre einsamen Flitterwochen zubrachte.

Seite 6/7: Fein herausgeputzt, dient das Possenhofener Schloß heute als Wohnsitz elitärer Menschen.

Seite 8/9: Auf die Atlantikinsel Madeira führte – 1860 – die erste Flucht der jungen Kaiserin.

Seite 10/11: Kaiserliches Lustschloß Schönbrunn, die meistbesuchte Wiener Sehenswürdigkeit.

Eine Produktion des Bruckmann-Teams, München
Umschlaggestaltung: Uwe Richter
Lektorat: Dr. Sabine Klinkert
Herstellung und Layout: Bettina Schippel

Gedruckt auf chlorarm gebleichtem Papier

Die Deutsche Bibliothek – CIP-Einheitsaufnahme

Sissi : die schöne Kaiserin / Ludwig Merkle. –
München : Bruckmann, 1996
Engl. Ausg. u.d.T.: Sissi
ISBN 3-7654-2858-2
NE: Merkle, Ludwig

Gesamtherstellung: Bruckmann, München
Printed in Germany
ISBN 3-7654-2858-2

Inhalt

In den Jahren 1864 und 1865 hat der berühmte Porträtist Franz Xaver Winterhalter die Kaiserin dreimal gemalt (siehe auch die Seiten 47 und 49). Dieses Bild, das Sisi mit offenen Haaren zeigt, mochte Franz Joseph am liebsten; es hing in seinem Arbeitszimmer.

Vorwort: Alle kennen Sisi

Sie sei, so wird behauptet, und wahrscheinlich stimmt's sogar, die populärste, weltbekannteste von allen Österreicherinnen. Die pietätvolle Nachwelt denkt noch heute gern an sie. So ziemlich jedermann, der schon einmal im Kino war, hat zum mindesten einen »Sissi«-Film gesehen und weiß:

Sisi war eine bayerische Prinzessin.
Sisi heiratete den österreichischen Kaiser Franz Joseph, und zwar aus Liebe.
Sisi war süß.
Sisi war die schönste Frau der Welt.
Sisi hatte eine böse Schwiegermutter.
Sisi war gut befreundet mit dem König Ludwig II. von Bayern.
Und schließlich wurde sie ermordet.

Weniger geläufig ist, daß sie sich mit nur einem »s« schrieb: »Sisi«, nicht »Sissi«; Sissi war die vom Film. (Daß unser Buchtitel dennoch »Sissi« lautet, ist damit zu erklären, daß sich »Sisi« etwas befremdlich, die Doppel-s-Form dagegen um so vertrauter liest.)

Namhafte Taten hat sie nicht vollbracht. Und auch die kleineren, herkömmlichen Leistungen, die man füglich von einer Kaiser- und Königsfrau erwartet – Repräsentation, fürsorgliche Familien-, huldvolle Landesmütterlichkeit, eifriges Engagement in den Branchen Soziales, Wohltätigkeit, Gesund- und Krankheitswesen und Kultur –, vermied sie, soweit es irgend ging. Sie entschied sich für die ergreifende Rolle der Totalverweigerin und tragischen, betrübten, leidvollen, tränenreichen Schmerzensmutter.

»Ich begreife sehr wohl«, schreibt ihre treue Hofdame, die Gräfin Sztáray, »daß die Kaiserin noch zu Lebzeiten eine legendäre Gestalt wurde. Hoch über dem Niveau der Menschheit stehend, weit über das Alltagsleben erhaben, ging sie ihre einsamen Wege wie ein Phänomen, das alle Blicke auf sich zieht.«

Panegyrische Hofberichterstatter erzählten dem Volk: »Als liebendes Weib theilte Elisabeth selbstverständlich Kummer und Sorgen mit ihrem kaiserlichen Gatten und betrachtete es stets als ihre Pflicht, ihm liebend und tröstend beizustehen und so den Leidensbecher weniger bitter zu machen, den das Schicksal ihm mit rauher Hand darreichte.« (A. de Burgh, 1901)

Das traf zwar durchaus nicht zu, aber es las sich wesentlich rührender und netter als:

Sie zog sich zurück vom Hof, vom Kaiser, vom Volk, von ihren Kindern, retirierte in Krankheiten und Kuren, Weinkrämpfe, Exaltiertheit, Isolation, lebte verbissen ihrer Schönheit, ihrer Schlankfigur, der Poesie, dem Reitsport, ihren Enttäuschungen, ihrer Widersetzlichkeit, Anpassungsunwilligkeit, tristen Melancholie und Langeweile, ihrer Freiheit und Privatisierung: die Frau, die sich nicht fügte, die ihre Pflichten ignorierte, die keine Kaiserin sein mochte – aber die Vorrechte ihrer majestätlichen Würde ohne die geringste Hemmung ausnutzte. Und dabei keineswegs glücklich wurde, im Ge-

»Sisi«, mit einem einzigen »s«, hat sich die Kaiserin, wie man aus ihrem Namenszug ersehen kann, geschrieben; »Sisi« oder »Herzens-Sisi« nannte sie auch der Kaiser. Die Verehrung und Bewunderung des Volkes aber genießt sie unter dem Pseudonym »Sissi« oder gar »Sissy«.

genteil: »Nicht immer«, klagt der Biograph und k. k. Schulrat Leo Smolle (1904), »schlangen sich die Rosen der Lust durchs leuchtende Diadem der verblichenen Fürstin, viel, viel häufiger umwand sich ihre Kronenzier mit dem Dornenreife herben Seelenkummers.«

Der Grund, daß jemand die Erwartungen, die man in ihn gesetzt hat, nicht oder nur schlecht erfüllt, liegt häufig darin, daß er das, was er soll, nicht kann. Oder daß er nicht mag. Trifft beides zusammen, wird der Fall besonders heikel.

»Es wäre mir im Leben schlecht ergangen, wenn ich nicht Kaiserin geworden wäre«, soll sie einmal gesagt haben. Es ging ihr als Kaiserin schlecht genug.

Sisis Vater Max wird mit dem Wort zitiert: »Wenn mir koane Prinzn waarn, waarma Kunstreiter worn.« – Dies wäre für Elisabeth gewiß die empfehlenswertere Position gewesen.

Im Hof seines Münchner Palais (Ludwigstraße 13), das 1937 abgerissen wurde, hat Sisis Vater ein Hippodrom eingerichtet, in dem er gern als Zirkusreiter auftrat.

Die sechzehnjährige Prinzessin Sisi zu Pferd in Possenhofen. Dieses Bild – vom Historienmaler Karl von Piloty – bekam Franz Joseph im Verlobungsjahr 1853 als Weihnachtsgeschenk.

LOUISE
Herzogin in Bayern.

Das Schloß Possenhofen am Starnberger See war die Sommerresidenz der herzoglichen Familie. Hier verlebte Sisi ihre Kindheit. Das Schloß sieht, äußerlich, heute kaum anders aus (siehe Seite 6/7); nur der Park war größer und der Badestrand der Familie vorbehalten.

Herzogin Ludovika (1808–1892), im Familienkreis auch »Louise« genannt, mit ihren drei ältesten Kindern: Ludwig (geboren 1831), Helene (1834) und, in der Wiege, der neugeborenen Elisabeth.

Sisi, Nené, Gackl, Mapperl, Gamperl in Possi

Im Jahr 1536 wurde das Possenhofener Schloß gebaut, 30 Kilometer südwestlich Münchens, am Westufer des lieblichen Starnberger Sees. Viele Male wechselte es den Besitzer, und 1834 kaufte sich's, für 145000 Gulden, der Herzog Max in Bayern, ließ es renovieren und verschönern und bewohnte es im Sommer mit seiner Frau und seinen Kindern. »Das Haus ist einfach, aber gut geführt«, urteilt die Gräfin Festetics, »sauber, nett, gute Küche, ich fand keinen Prunk, es ist alles wohltuend altmodisch, aber vornehm.« Boshaftere Wiener Hofdamen meinten, es handelte sich mehr um eine »Bettelwirtschaft«.

In den 1920er Jahren wurde das Schloß Kinder-, im Zweiten Weltkrieg dann Müttererholungsheim, dann Lazarett. 1948 erbte es der Freistaat Bayern, der es als Flüchtlingsunterkunft benutzte und 1951 an Privat verkaufte. Dann sollte es Kuranstalt, Hotel, Schönheitsfarm oder Fernmeldeschule werden, verwahrloste zur Motorradwerkstatt, kam immer mehr herunter, bis es schließlich saniert, weiß angestrichen und 1984 in 27 millionenteure Eigentumswohnungen kleingestückelt wurde. Heute residieren hier unter der bescheidenen Understatement-Adresse »Karl-Theodor-Straße 14, 82343 Possenhofen« feine oder zumindest wohlhabende Leute.

Mit seinen vier wuchtigen, zinnengekrönten Ecktürmen, dem unverbaubaren Seeblick und dem buchen- und thujenhecken-, mauer-, gebüsch- und maschendrahtumsäumten Park wirkt es schön und exklusiv. Das neugierige Publikum kann außen rumgehen, sieht es an der Nordseite aus nächster Nähe, fotografiert's ergriffen, darf zu seinem tiefen Bedauern aber nicht hinein und fragt ersatzweise eingeborene Spaziergänger aus:

»Ist das das Schloß, wo die Sissi drin gewohnt hat?« – Ja.

»Und der König Ludwig war auch hier?« – Ja, auf Bsuach (ja, auf Besuch).

»Ist da ein Museum drin?« – Naa.

»Oder ein Wirtshaus?« – Naa.

»Darf man wenigstens in die Kapelle?« – Aa need (auch nicht).

»Hat es damals auch so ausgeschaut?« – Ja.

Von außen ziemlich; denn es ist denkmalgeschützt. Nur der Park war zu herzöglichen Zeiten erheblich größer und reichte bis zum See, während sich dort heut ein Badestrand für das gemeine Volk befindet. Früher, vor einigen Jahren, stand auch noch eine Tafel da mit der Auskunft, daß Sisi, »deren auffallende, fast überirdische Schönheit und Eleganz unvergessen bleiben«, hier geboren wurde. Als die Schloßleute eines Tags erfuhren, daß das gar nicht stimmt, entfernten sie beschämt die Tafel.

Sisi kam in München auf die Welt, am 24. Dezember 1837, vormittags um 10 Uhr 43; in Possenhofen wäre es da zum Gebären viel zu kalt gewesen.

Sisi war nicht nur ein Christ-, sondern überdies auch noch ein Sonntagskind – eine Kombination, die zwar viel verspricht, sich aber, wie wir sehen werden, letztendlich doch nicht sonderlich bewährte.

Ein herziges, ein liebes Kind war Sisi, und blond auch noch. Sogar gelächelt hat sie. Die Ähnlichkeit mit späteren Sisi-Bildern ist nicht geradezu frappant. Aber die Hüter der kaiserlichen Familienalben behaupten fest: Doch, doch, das war sie schon.

Ihre Mutter Ludovika (1808–1892) war eine Halbschwester des Bayernkönigs Ludwig I. Gutmütige Vertreter der ersten Sisi-Biographengeneration berichten: »Sie vermählte sich, dem Zuge ihres Herzens folgend, am 9. September 1828 mit dem Chef der jüngeren Linie Wittelsbach: Maximilian, Herzog in Bayern.« (J. de la Faye) Und behaupten: »In dem Zusammenleben mit dem beliebten, aber unruhigen Gemahle, mit dem sie in glücklicher Ehe lebte, wahrte sie stets das Gleichgewicht ihres Gemütes« (C. Tschudi), und: »Obwohl sie an Charakter und Gemütsart einander nicht gleich, wetteiferten doch beide Gatten in treuer Liebe zu einander und im Bestreben, sich gegenseitig glücklich zu machen.« (L. Smolle)

Das ist freundlich gesagt, aber völlig verlogen. Ludovika folgte keineswegs einem Herzenszuge – ihr hätte der Prinz von Braganza weit besser gefallen –, sondern wittelsbachischem Diktat. Die Ehe war schon verabredet worden, als Max und Ludovika noch ganz kleine Kinder

Mit 57 Quadratkilometern Fläche ist der Starnberger See, südwestlich von München, Bayerns zweitgrößtes Gewässer (nach dem Chiemsee). Freundliche Hügel und gepflegte Gemeinden umgeben ihn, zahlreiche Prominenz wohnt hier. So still wie auf dem Foto ruht er nicht immer. Besonders an den Sommerwochenenden fallen Badegäste und Segler in Massen ein.

waren. Neuere Historiker haben erforscht: »Die Ehe der beiden war vom ersten Tag an unglücklich.« (B. Hamann) Ludovika saß verbittert im Possenhofener Schloß, liebkoste ihre Hunde, haderte mit dem Schicksal und litt an Migräne; als junge Frau soll sie eine »junonische Schönheit« gewesen sein; früh verhärmt, sah sie schon bald wie Dürers Mutter aus. Dennoch hatte ihre Ehe neun Kinder zur Folge:
Ludwig (1831–1920), der Offizier wurde und sich ganz unstandesgemäß und morganatisch mit einer jüdischen Schauspielerin verheiratete;
Wilhelm, geboren und gestorben 1832;
Helene (1834–1890), verehelicht mit dem Erbprinzen Maximilian von Thurn und Taxis;
Elisabeth (1837–1898);
Carl Theodor (1839–1909), »der bedeutendste, aber nicht so schön« (Conte Corti), der ein bekannter Augenarzt wurde;
Marie (1841–1925), höchst unfroh verheiratet mit König Franz II. von Neapel;
Mathilde (1843–1925), Frau von dessen Bruder, dem Grafen Ludwig von Trani;
Sophie (1847–1897), kurze Zeit Braut des Königs Ludwig II., dann verheiratet mit Herzog Ferdinand von Alençon;
Max Emanuel (1849–1893), Offizier, »bildschön, aber nicht so klug«.

In Possenhofen verbrachte Sisi die Sommer ihrer Jugend; hier wuchs sie auf, ziemlich wild und naturbelassen, barfuß, nicht beladen mit nennenswerten Bildungsgütern, ungeniert von höfischer Etikette, spielte mit den Bauernkindern der Umgebung, schwamm, ritt, sprach kräftig bairischen Dialekt. – »Der große Park und die Wälder der Umgebung waren der erste Tummelplatz dieses Freiluftkindes, das sich körperlich auf die herrlichste Weise entwickelte und in dessen empfängliche Seele Gottes mächtige Natur die ersten tiefen Eindrücke grub«, läßt uns – in ihrer Biographie aus dem Jahr 1906 – Clara Tschudi wissen. »Und unter den bayrischen Alpenbewohnern gehen heute noch Sagen davon, wie ›Liese von Possenhofen‹ auf den ungebahnten Berg-

Sisi-Mutter Ludovika. Sie war die jüngste Tochter des Bayernkönigs Max I. Josef und ziemlich unglücklich – dennoch aber kinderreich – mit ihrem Vetter, dem Herzog Max in Bayern, verehelicht. Weitaus sympathischer als ihr Mann waren ihr ihre Hunde.

Herzog Max in Bayern (1808–1888), Sisis Vater, volkstümlich, leutselig und ein begeisterter Zitherspieler. Herzog »in Bayern« hieß er im Unterschied zu den Mitgliedern der älteren, bedeutenderen Linie der Herzöge »von Bayern«.

Auf seiner Orientreise im Jahr 1838 ließ sich Herzog Max vom Hofkammerzithervirtuosen Johann Petzmayer begleiten, der ihm einen schönen »Nilfahrt-Walzer« komponierte. Leider geriet der in ganz unverdiente Vergessenheit; nicht einmal auf Ägyptengesellschaftsreisen wird er noch zu Gehör gebracht.

pfaden umherkletterte, um schließlich mit einem Arme voll ›Edelweiß‹ zum Vorscheine zu kommen.« – Was leider wiederum nicht wahr ist: In der Possenhofener Gegend gibt es zwar niedrige Hügel (bis 728 m ü. M.), aber nicht den geringsten Berg, auf welchem man, selbst als Prinzessin, ein Edelweiß pflücken könnte.

»Liese von Possenhofen« hieß mit vollen Vornamen Elisabeth Amalie Eugenie, genannt wurde sie »Sisi«. Die Possenhofener Herzogsfamilie hatte viel übrig für nette Kosenamen: Helene wurde »Nené« gerufen, Carl Theodor »Gackl«, Max Emanuel »Mapperl«. Zum Schloß sagte man »Possi«, zur Mutter Ludovika »Mimi«. Der Vater wurde nicht gekost, er war nicht oft genug daheim. Mit einer Jahresapanage von 250000 Gulden und – trotz seines Ranges als bayerischer Generalmajor und seit 1845 »königliche Hoheit« – ohne lästige Pflichten, lebte er seinen Neigungen, ritt, jagte, dichtete und komponierte, feierte mit seinen Poeten-, Musikanten- und Gelehrtenfreunden fröhliche Tafelrunden, war liberal und po-

Schon wieder spielt er Zither, unser Herzog Max. Der Ruderknecht der malerischen Trachtengruppe ist Kaiser Franz Joseph, die Dame natürlich Sisi. Die Szene, wenn auch nicht direkt dem Leben nachgezeichnet, spielt auf dem Starnberger See; unter dem kaiserlichen Ellbogen sieht man das Possenhofener Schloß.

Das wäre Nené/Helene gewesen, die erste Wahl der weisen Kaisermutter Sophie. Franz Joseph aber wollte unbedingt ihre Schwester Sisi haben; selber schuld, kann man da nur sagen. Nené tröstete sich mit einem Prinzen aus dem Hause Thurn und Taxis.

pulär, unterhielt im Hof seines Münchner Palais einen Privatzirkus, fraternisierte leutselig mit Bürgern, Bauern und auch Bäuerinnen, sammelte Volkslieder, spielte Zither, sang dazu lustige Gstanzln und reiste in der Welt herum.

Als seine Tochter Sisi vier Wochen alt war, begab er sich auf eine acht Monate lange Orientfahrt, wozu er, nebst anderen Begleitern, auch seinen Hofkammerzithervirtuosen Johann Petzmayer mitnahm. Der revanchierte sich, indem er in Ägypten einen »Nilfahrtwalzer« schrieb. »Die wilden Volksstämme«, ist überliefert, »lauschten seinem Zitherspiele mit Entzücken.« Das kann man sich lebhaft vorstellen. Auch vier Mohrenknaben brachte der Herzog mit nach Hause, die er auf einem Sklavenmarkt in Kairo eingekauft hatte und unter großer Anteilnahme der Münchner Bevölkerung vom Erzbischof in der Frauenkirche taufen ließ.

Über seine Verdienste als Vater sind wir widersprüchlich unterrichtet. So erfährt man, daß er bei seinen Kindern sehr beliebt und Sisi seine Lieblingstochter, aber auch, daß das Verhältnis zwischen den beiden »zeitlebens kein gutes« war.

Als Kaiserin kehrte Sisi noch oft zurück an den Starnberger See. Sie wohnte dann, mit fünfzigköpfigem Gefolge, in Feldafing, im »Hotel Strauch«, das ziemlich genau 1550 Meter vom Schloß entfernt steht. Aus dem Feldafinger Heimatbuch erfahren wir: »Zur Morgentoilette stand ihr weiches Seewasser zur Verfügung, das der Fischkäufer Andreas Vitzthum von hier täglich mit einer Kanne aus Possenhofen bringen mußte.« Das Hotel heißt heute »Kaiserin Elisabeth« und ehrt seine hohe Gästin durch ein weißes Denkmal im Park neben dem Tennisplatz und dadurch, daß der Küchenchef zu passenden Gelegenheiten ein Menü nach Kaiserinart zubereitet.

Liebe wie ein Blitz

»Das alte Kaiserstädtchen im Herzen des Salzkammergutes« nennt sich Bad Ischl heute noch. Hier nämlich pflegte sich seit den 1820er Jahren die österreichische Kaiserfamilie im Sommer aufzuhalten. Sechzig Sommer seines Lebens oder sogar dreiundachtzig – die Angaben schwanken – hat Franz Joseph in Ischl zugebracht.

Und auch die Kaiserehe mit Prinzessin Sisi wurde hier gestiftet.

Eigentlich hatte Franz Josephs Mutter, die Erzherzogin Sophie, ja vorgehabt, ihren Sohn mit Helene zu verheiraten, Sisis älterer Schwester, und zum Kennenlernen und zur gegenseitigen Besichtigung traf man sich am 16. August 1853 in

Folgende Doppelseite:

Hier sieht man das junge Brautpaar auf seinem ersten gemeinsamen Ausflug im Salzkammergut, sechsspännig, in komfortabler Kutsche. Als ausgesprochenes Intimerlebnis kann die Fahrt nicht gelten: Ein riesenhaftes Gefolge trabte hinterdrein.

Der junge Bräutigam, fesch und noch ohne Backenbart, und das Mädchen Sisi, 15¾ Jahre alt, auf einem Porzellanbild. Franz Joseph war 23 und seit fünf Jahren österreichischer Kaiser. Die Ischler Verlobung war die romantischste Tat in seinem Leben.

Ischl: der Kaiser samt Mutter, Verwandtschaft und Gefolge und Mutter Ludovika mit Tochter Helene aus Possenhofen. Und auch Sisi war dabei, ohne triftigen Grund, nur so.

Doch dann kam das Programm durcheinander.

»Während der Reisewagen auf der staubigen Landstraße dahinrollte, erblickte Franz Joseph auf einer Wiese ein wunderbar schönes Mädchen, das mit einer Herde Ziegen spielte. Im nächsten Augenblick bog der Wagen um die Ecke, und man näherte sich dem Badeort Ischl. Eine Stunde später, als der Kaiser bei seiner Mutter saß, stürzte ein junges Mädchen unangemeldet in den Salon, einen Strauß wilder Rosen in der Hand.« (E. M. Kronfeld)

Oder waren es gar keine Ziegen? Traf der Kaiser »im dichten Schatten der parkähnlichen Wälder ein Kind, gekleidet in ein kurzes, weißes Gewand, mit einer wundervollen Masse welligen, seidigen kastanienbraunen Haars, das um seine schlanke mädchenhafte Gestalt fiel bis hinab zu den winzigen Füßen. Es ließ sich von zwei Jagdhunden umspringen.«? (M. Cuncliffe Owen)

Oder hat der Adjutant das Kind zuerst gesehen? Und »stieß plötzlich einen Ruf der Bewunderung aus. ›Sehen Sie dort, Majestät!‹, brach er aus. Franz Joseph zog sein Fernglas hervor.« (C. Tschudi)

Vielleicht ging der Kaiser aber auch nachdenklich ganz allein spazieren und blieb plötzlich stehn und lauschte. »Eine Mädchenstimme sang: ›Gott erhalte Franz, den Kaiser, unsern guten Kaiser Franz.‹ Franz Joseph trat rasch hinter einen Baumstamm, um von diesem Versteck aus die Sängerin zu beobachten. Er sah eine kindliche, schlanke Mädchengestalt vergnügt und unbekümmert daher-

Ischl (seit 1906 mit dem Titel »Bad« ausgezeichnet) ist Österreichs ältestes Solebad und hilft bei Rheuma, Herz-, Kreislauf-, Atem- und Bandscheibenbeschwerden. In den historischen kaiserlichen Verlobungsräumen können heute auch ganz bürgerliche Paare »romantische Sissy-Hochzeiten« feiern. Im Vordergrund die »Kaiservilla«.

kommen. Sie trug einen breiten Florentinerhut mit einer Feldblumenranke und flatternden roten Samtbändern am Arm und sang unentwegt: ›Gott erhalte Franz, den Kaiser, unsern guten Kaiser Franz.‹ Da trat Franz Joseph aus seinem Versteck hervor und zog grüßend den Hut. [...] Franz Joseph schaute unverwandt in das bildhübsche, feine Mädchenantlitz, aus dem ein Paar große, dunkelblaue Augen leuchteten.« (M. Blank-Eismann)

Das Mädchen war natürlich Prinzessin Sisi, und die unselige Begegnung spielte sich in Wirklichkeit ganz schlicht beim Tee in der Villa Eltz ab. Im übrigen trug Sisi kein kurzes weißes, sondern ein schwarzes Kleid, und ihre Augen waren hellbraun. Aber daß die beiden einander gut gefielen, stimmt. Franz Joseph fand Sisi bei weitem netter als die für ihn vorgesehene Helene, und schon zwei Tage später beschloß er: Die wird er heiraten.

Die »Kaiservilla« war ein Hochzeitsgeschenk von Mutter Sophie. Zwei Flügel ließ sie anbauen, wodurch der Grundriß die Form eines »E« bekam, E wie Elisabeth. Nebst den Geweihen zahlloser vom Kaiser totgeschossener Tiere enthält die Villa Originalmobiliar, Bilder, Sisis Reitgerte, Fächer, Totenmaske usw. und auch Franz Josephs ehrwürdige Lederhose.

»Über den politischen Wolken, die seine ersten Regierungsjahre verdunkelt hatten, schlug die Liebe wie ein Blitz in sein Herz nieder.« (C. Tschudi) Am 18. August 1853, des Kaisers 23. Geburtstag, fand die Verlobung statt.

Und Sisi, die Kindsbraut von fünfzehndreiviertel Jahren, was meinte sie? Nun, »ihr Herz war noch nicht erwacht; aber in ihre Träume hatte die Liebe ihren Einzug gehalten« (C. Tschudi); und gefragt, ob sie wohl auch ihrerseits Franz Joseph liebhabe, soll sie geantwortet haben: Doch doch, schon, »wenn er bloß kein Kaiser wäre!« Später spezifizierte sie ihre Vorstellung vom Beruf des Ehemannes noch etwas genauer: »Wenn er doch ein Schneider wäre!«

Das wäre in der Tat für alle Beteiligten weitaus segensreicher gewesen. – Oder hätte Ludovika ihre Elisabeth daheimgelassen. Dann hätte der Kaiser die Nené genommen, und es wäre ihm viel erspart geblieben. Auch ein Nein aus Sisis Mund wäre als gute Alternative vorstellbar – obgleich, wahrscheinlich hätte es nicht viel genutzt; auch ihre Mutter und die Schwiegermutter hatten ihre Männer nicht zum Vergnügen geehelicht. Fürstenehen wurden aus politischer Raison geschlossen, nicht nach persönlichem Wohlgefallen. Wenn dies in seltenen Fällen noch hinzukam, fand man es um so erfreulicher.

Kaisermutter Sophie war von der Wahl ihres Sohnes zwar nicht begeistert, mochte sich aber nicht weiter auf Helene kaprizieren; Ludovika und Herzog Max waren zufrieden. Das österreichische Volk desgleichen. Es machte sich einen Vers darauf und sang:

»Rose aus Bayerland,
Lieblich und traut,
Nun grüßt Dich ganz Öst'reich
Als hehre Braut!«

Sisi-Denkmal im Hellbrunner Schloßpark bei Salzburg. Die Statue besteht aus weißem respektive graugrünschwarzverschmutztem Marmor. Warum sie sich hier befindet, erklärt die Sockelinschrift: »Dein Oesterreich, Du hast es hier betreten / Als Kaiserbraut in holder Majestät, / Und alle Herzen flogen Dir entgegen / Ihr Jubelgruss war Segen war Gebet.«

Lith. v. A. Ziegler. Gedr. b. J. Höfelich's Wwe in Wien. Joh. Schmickl's Fest-Woche.

Begleitet von ihren Eltern und von den Geschwistern Ludwig und Helene, verläßt die junge Braut am 20. April 1854 München. Hinter dem Apfelschimmelgespann das Siegestor, die Straße säumend und herzlich zum Abschied winkend, das treue bayerische Volk.

Sisi weint

Neun Monate vergingen zwischen der Ischler Verlobung und der Wiener Hochzeit, neun Monate, in denen die – ja nicht gerade feingebildete – Kaiserbraut auf ihre hohe Würde vorbereitet wurde. Österreichische Geschichte, Französisch, Italienisch, Tanz, höfisches Protokoll, zierliche Konversation standen auf dem Lehrplan.

Am 20. April 1854 verließ sie München. Das Volk strömte herbei. »Vom Schmerze des Abschieds überwältigt, erhob sie sich im Wagen, und mit thränengefüllten Augen winkte sie der grüßenden Menge ihr Lebewohl zu.« – Die Kutsche fährt nach Straubing. Dort wird Sisi bejauchzt, beglückwünscht, werden Festreden gehalten, Fahnen geschwenkt, die Musik spielt. Sisi weint, Sisi winkt. Am folgenden Vormittag besteigt sie – samt Mutter, Vater, Bruder Ludwig und Schwester Nené – das Donaudampfschiff »Stadt Regensburg«.

Am 21. April gegen 14 Uhr trifft die Hochzeitsgesellschaft in Passau ein. Eine kaiserliche Deputation erscheint an Bord, begrüßt die Braut, um 18 Uhr ist

Die Donau bei Nußdorf, der Endstation von Sisis Donaudampfschiffahrt. Hier traf Sisi am 22. April um vier Uhr nachmittags ein, begeistert willkommengeheißen von den Bürgern und den offiziellen Amtspersonen. Weiter nach Schönbrunn ging die Reise dann zu Lande. Im Hintergrund der Kahlenberg und der Leopoldsberg.

man in Linz. Schuljugend und Militär, Adel, Geistlichkeit und Bürgerschaft sind auf den Beinen, um die künftige Kaiserin mit Blumen, Fackelzügen, Freudenfeuern, Chorgesang, Stadtbeleuchtung und Theaterfestvorstellung zu empfangen. Auch der Kaiser – um sie zu überraschen, in aller Herrgottsfrüh mit dem Dampfboot aus Wien abgefahren – wartet schon. Sisi winkt, Sisi weint. Brutale – heutige – Sisi-Rezensenten schelten das arme Kind: »Dabei wäre die Situation an sich auch für eine Sechzehnjährige durchaus kein Grund gewesen, derartig verstört zu reagieren. Ein psychisch gesundes Mädchen in diesem Alter hätte sicherlich ein ganz anderes Auftreten gezeigt, jenem liebevoll gemeinten Spektakel um seine eigene Person auch positive Seiten abgewonnen«, und sehen in Sisis Verhalten »die ersten auffälligen psychiatrischen Störungen in Form von wiederholt auftretenden ängstlich-depressiven Verstimmungen« (F. E. Schilke).

Am Tag darauf um acht Uhr morgens wird die Reise auf dem prachtvoll rosengeschmückten Raddampfer »Franz Joseph« fortgesetzt. Die Arbeit ruht an die-

Am Nachmittag des 23. April findet unter großer Prachtentfaltung der feierliche traditionelle Einzug der Kaiserbraut in die Stadt Wien statt. Der Weg führt vom Theresianum zur Hofburg. Wien jubelt, Sisi weint bitterlich.

sem Freudentag, das österreichische Volk hat Zeit zum Jubeln, Fahnenschwenken, Glockenläuten, Böllerschießen. »An Bord des Schiffes«, wissen wir von Clara Tschudi, »erblickte man eine hell gekleidete Gestalt, die von der einen Seite auf die andere eilte. Obwohl sie unablässig für die stürmischen Grüße danken mußte, schien sie nicht müde zu werden.« Überall erklingt die Kaiserhymne – die nach der Hochzeit vom Biedermeierlyriker und Gymnasialprofessor Johann Gabriel Seidl aktuell verlängert wurde:

»An des Kaisers Seite waltet,
Ihm verwandt durch Stamm und Sinn,
Reich an Reiz, der nie veraltet,
Unsere holde Kaiserin.
Was das Glück zu höchst gepriesen,
Ström' auf sie der Himmel aus!
Heil Franz Joseph, Heil Elisen,
Segen Habsburgs ganzem Haus.«

Gegen 16 Uhr legt die »Franz Joseph« in Nußdorf an beziehungsweise hat kaum angelegt, schon springt der Kaiser auf das Schiff, schließt seine Braut in die Arme und küßt sie herzlich – ein Vorgang, der viel frohe Aufmerksamkeit und Rührung weckt. Dann wird ihr die Habsburger Verwandtschaft präsentiert, dröhnen die Glocken, spricht der Kardinalerzbischof, Musik erschallt, Kanonenschüsse krachen, Blumen werden gestreut, dann geht es weiter, nun in Kutschen, nach Schönbrunn, in die kaiserliche Sommerresidenz, vornedran der Kaiser mit Brautvater Max, dahinter Sisi mit der Schwiegermutter, nach ihr Ludovika mit dem Vater des Kaisers, schließlich der Rest der Familien. Triumphbögen sind aufgestellt, »Hoch!« und »Lang lebe!« ruft das Volk, um halb sieben ist Schönbrunn erreicht, und Sisi, müde, blaß, verlegen, winkt und weint.

Franz Joseph und Sisi spazieren auf den Gloriette-Hügel, von dem aus sich ein vortrefflicher Ausblick auf den Schönbrunner Schloßpark und die Stadt Wien bietet. »Dies alles«, sagt der Kaiser zu seiner jungen Frau, »ist mir unterthänig.« Oder so ähnlich.

23. April: der traditionelle feierliche Einzug der Kaiserbraut in die Stadt Wien. Fürs Publikum sind Tribünen installiert, es donnern die Böller, läuten die Glocken. »In der Kärntnerstraße schimmerte fast jedes Haus in einem wahren Strahlenglanze von Lampen, Kerzen und Gaslichtern inmitten von Draperien, Allegorien, Fahnen, Wappen, Blumen, kurz von allem erdenklichen Luxus.« (F. B. Tschudy) Sisi sitzt weinend mit ihrer Mutter in der von acht Lipizzanern gezogenen Prunkkarosse, Hofwagen, Hoftrompeter, Leibgardisten begleiten sie. Sisi winkt.

24. April, sieben Uhr abends: Vermählung in der Augustinerkirche. 15 000 Kerzen leuchten, tausend geladene Gäste sind dabei. »Die bunten Uniformen der Offiziere, die farbenreichen und malerischen Festtrachten des ungarischen und polnischen Adels, der funkelnde Schmuck der Damen, die goldgestickten Kleider der Minister und hohen Beamten, die roten Mäntel der Kardinäle, die phantasiereichen Gewänder mehrerer der orientalischen Sendlinge – alles vereinigte sich zu einem Bild von märchenhafter Wirkung.« (C. Tschudi)

Der Wiener Erzbischof nahm die Trauung vor und hielt eine fast endlose Rede, Sisis Liebe solle dem Kaiser »in Mitte der Herrschersorgen gleich einem Eilande sein, welches in Mitte des Wogensturmes,

Vorhergehende Doppelseite:

Hier sehen wir noch einmal die barocke kaiserliche Sommerresidenz Schönbrunn, diesmal aquarelliert von Robert Raschka. 2,7 Millionen Besucher finden sich pro Jahr hier ein. 1441 Räume enthält das Schloß. Besichtigen kann man davon nur etwa 45, aber das genügt ja auch. Hier wurde Franz Joseph 1830 geboren, und hier starb er.

Ganz Wien ist auf den Beinen, als das Kaiserpaar Hochzeit feiert, die Stadt – hier der Platz an der Freyung – aufs prächtigste illuminiert.

Am 24. April 1854 abends um 7 Uhr wurden Franz Joseph und Sisi in der Augustinerkirche getraut, vom Erzbischof Kardinal Rauscher. Aufgrund ihrer nahen Verwandtschaft – ihre Mütter waren ja Schwestern – benötigten sie eine päpstliche Dispens.

friedlich grünend, daliegt und die lächelnde Rose und das anmuthige Veilchen keimen läßt« – ein freundlicher, guter Wunsch, der leider ja nur unvollkommen in Erfüllung ging.

Auf die Rückkehr im feierlichen Zug zur Hofburg folgt ein ausgedehntes zeremoniales Gratulationscour- und Audienzprogramm, der armen Kaiserin werden Generäle, Botschafter, Gesandte und Gesandtenehefrauen und der gesamte Hofstaat vorgestellt, die sie nicht im mindesten interessieren. Sisi ist todmüde. Und weint.

Der Bedarf an Herrscherbildern ist in monarchisch regierten Ländern stets ungeheuer groß. So floriert das Geschäft der Porträtisten, und wenn gar noch ein Jubiläum oder eine Hochzeit stattfindet, dann haben die Maler und Zeichner Hochkonjunktur.

Jung gereut

Nun also ist Sisi Kaiserin, Kaiserin des zweitgrößten Staats (nach Rußland) in Europa. Mit sechzehneinviertel Jahren.

Die Flitterwochen verbringt sie im kaiserlichen Lustschloß Laxenburg. Ihr bayerisches Personal hat man nach Haus geschickt und durch sorgfältig auserlesene schwiegermuttertreue Hofkräfte ersetzt. Der Kaiser geht jeden Morgen in die Arbeit, muß in der Hofburg regieren, kommt erst abends um sechs zum Essen heim. Dafür ist seine Mutter Sophie, die »bösartige Frau«, um so gegenwärtiger.

Sophie hat ihren Sohn zum Kaiser gemacht, nun soll aus dem schüchternen, unsicheren, eckigen bayerischen Landkind eine würdige Habsburger Kaiserin werden. Sophie erzieht, ermahnt, belehrt, gängelt, unterdrückt die Schwiegertochter, »zertrat überlegen ihre Hoffnungen und vernichtete mit harter Hand ihre Sehnsuchtsträume«, schreibt Clara Tschudi. – Dies schickt sich nicht, und jenes ist verboten, ein Kaiserpaar kann nicht ohne Gefolge ins Theater gehen, eine Kaiserin nicht allein spazierenreiten, nicht ihrem

Kaisermutter und Sisi-Tante Sophie. Sie war die eigentliche Herrscherin, sie hatte dafür gesorgt, daß 1848 nach dem Rücktritt des geistesschwachen Kaisers Ferdinand I. ihr einfältiger Mann, Erzherzog Franz Carl, auf die Thronfolge verzichtete und ihr ergebener Sohn Franz Joseph Kaiser wurde. Von ihrer Schwiegertochter Sisi wurde sie gehaßt.

Nicht nur vier Dutzend Schloßräume gilt es in Schönbrunn anzuschauen. Auch der barocke Schloßpark im französischen Stil und die Wagenburg, die als Prunkstück den vergoldeten Krönungswagen enthält, sind wichtige Besichtigungsobjekte.

Mann nach Wien nachfahren, sie muß den ganzen Tag vornehm gekleidet sein, ständig Handschuhe tragen... Eingezwängt ins höfische Zeremoniell, gesteuert und bestimmt vom Protokoll, bespitzelt und beobachtet von den Vertrauten der Kaisermutter, behandelt als unmündiges Kind (das sie ja war), abgelehnt vom Hofstaat – als zu provinziell, als nicht vornehm, nicht reich und nicht gewandt genug –, schmachtet Sisi, chronisch gekränkt, am Wiener Hof, spielt mit ihren Hunden, redet mit ihren Papageien, reitet, hustet, haßt die Schwiegermutter, haßt ihre Gefangenschaft, die Hofdamen, Hofbälle, Empfänge, Kleiderzwänge, schwankt zwischen Anpassungsversuchen und Aufbegehren und hat Heimweh nach ihrem

idyllischen Possenhofen mit seiner natürlichen, herzlichen Atmosphäre und nach dem legeren München.

Doch was ist mir die Frühlingswonne,
Hier in dem fernen, fremden Land?
Ich sehn' mich nach der Heimat Sonne.
Ich sehn' mich nach der Isar Strand –

schreibt sie in ihr Dichtbüchlein.

An ihrem Mann, der sie zwar herzlich liebt, dem aber jedes Einfühlungsvermögen abgeht, hat sie nur eine geringe Stütze. Er mischt sich da nicht ein, er ist es seit je gewöhnt, seiner Mutter zu gehorchen.

Auch das Eheleben findet die junge Kaiserin gar nicht so wunderbar. Sie mag ihren Franz Joseph, aber sie ist verwirrt von den Vorgängen im kaiserlichen Bett und, so lesen wir's bei Clara Tschudi, »leidenschaftlichen Gefühlen gegenüber etwas scheu und bewahrte in ihrem Verhältnis zu ihm die Reinheit einer kindlichen Seele«.

Sisi trauert ihrer verlorenen Kindheit nach. Vierzehn Tage nach der Hochzeit dichtet sie reuerfüllt, ein wenig früh, aber zu spät:

Oh, daß ich nie den Pfad verlassen,
Der mich zur Freiheit hätt' geführt.
Oh, daß ich auf der breiten Straßen
Der Eitelkeit mich nie verirrt!

Ich bin erwacht in einem Kerker,
Und Fesseln sind an meiner Hand,
Und meine Sehnsucht immer stärker –
Und Freiheit! Du mir abgewandt!

Ich bin erwacht aus einem Rausche,
Der meinen Geist gefangenhielt,
Und fluche fruchtlos diesem Tausche,
Bei dem ich Freiheit! Dich verspielt.

Sie war, schluchzt Clara Tschudi, »eine treuherzige, naive Natur, ein armes Vöglein, das das heimische Nest verlassen hatte, ehe es fliegen gelernt«.

Bald wird sie schwanger. Im März 1855 kommt ihre erste Tochter, Sophie, zur Welt (und stirbt nach zwei Jahren), im Juli 1856 wird Gisela geboren, 1858 der notwendige Kronprinz Rudolf.

Damit hat Sisi ihre Schuldigkeit getan. Sie rebelliert gegen die Schwiegermutter,

Ein schönes Sisi-Denkmal steht im Wiener Volksgarten, ein anderes in Feldafing im Park des »Golfhotels Kaiserin Elisabeth«, ein drittes (siehe Seite 29) in Hellbrunn. Und noch eins, unter Dach, in den Schauräumen der Hofburg.

Habsburger Familienbild. Von links nach rechts sehen wir: Kaisermutter Sophie mit Enkelin Gisela auf dem Schoß, ihren Mann Franz Carl, Elisabeth, Franz Joseph und zwischen dessen väterlichen Knien seine älteste Tochter Sophie (geboren 1855, gestorben 1858).

die auch die Erziehung der Enkel übernimmt, brüskiert die Hofgesellschaft, beschäftigt sich mit Hungerkuren – zwecks Wiederherstellung ihrer vormutterschaftlich schlanken Taille –, ist erschöpft von den drei Niederkünften in vier Jahren, reizbar, nervös. Und kränkelt und weint.

Im Juni 1859 zieht der Kaiser in den Krieg, kämpft gegen Frankreich und Italien, nimmt das militärische Kommando erfolglos in die eigenen ungeschickten Hände. Sisi, nun ganz allein, ohne Freunde in Wien, bedrängt von einer Phalanx mißgünstiger Gegnerinnen, bleibt als Soldatenfrau zu Hause, möchte zu ihrem Mann, darf nicht, verlegt sich auf den Springreitsport, opponiert halsstarrig und widerspenstig gegen Sophie – und weint.

Weit fort von Wien

Im Sommer 1859 kehrt Franz Joseph aus Italien heim. Die Verhältnisse bei Hof haben sich keineswegs gebessert, Familienzwist und -hader schwelen weiter, verdrießen den Kaiser mehr und mehr. Er tröstet sich mit einer namenlosen polnischen Gräfin und anderen freundlichen Damen. Sisi erfährt davon, ist fassungslos und tiefbeleidigt. »Der Kaiser, der einen Skandal fürchtete, bekannte seine Missetaten, fiel Elisabeth zu Füßen, bat sie jammernd um Verzeihung und versprach, wie ein Kind, so etwas nie mehr zu tun« (H. de Weindel); aber das half ihm nun auch nichts mehr: Sisi wurde krank.

Was ihr fehlte, ist nur undeutlich überliefert. Schwellungen an den Handgelenken und den Knien wurden festgestellt, Ausschlag im Gesicht, Husten, Halsweh. Von Lungenaffektion ist hofamtlich die Rede, von einer Geschlechtskrankheit inoffiziell, mit der der Kaiser seine Frau angesteckt habe. Die dritte Lesart ist, daß die Krankheit nur vorgeschützt war, weil man dem Volk nicht gut erzählen konnte: Elisabeth hat Wien und ihren Kaiserinnenthron, ihren Mann und die Schwiegermutter satt. Die Liebe ist vorbei, als Mutter wird sie nicht benötigt, als Nippes- und Dekorationsfigur will sie nicht dienen.

Nach sechs Ehejahren verläßt Sisi, inzwischen 22, Kaiserhaus und -hof und fährt nach Madeira. – Warum Madeira? Gäbe es nicht nähere, vielleicht sogar noch lungenkurgeeignetere Ziele, Meran zum Beispiel, oder Abbazia? Schon, aber Elisabeth will möglichst weit entfernt sein vom verhaßten Hof, vom ungetreuen Kaiser.

Am 17. November 1860 reist sie ab. Ihre Kinder, Gisela vier, Rudolf zwei Jahre alt, läßt sie zurück. Die Welt ist voller Mitleid, die Queen stellt ihr eine Yacht zur Verfügung. Die Überfahrt von Antwerpen nach Madeira verläuft stürmisch, Sisi aber trotzt den Wogen mit gutem Appetit und kommt zur Verblüffung der Insulaner, die eine todkranke, abgezehrte Patientin erwartet hatten, dreiviertelausgeheilt in Funchal an.

Sie bezieht eine Villa am Rand der Hauptstadt, mit Atlantikblick, Terrasse, Garten, genießt die herrliche Natur, freut sich des Frühlingsklimas und der Blütenpracht, kauft Ponys ein und einen großen Hund, wandert, flirtet mit ihren Stallmeistern, läßt sich bewundern, gewinnt, vom Hofe befreit, ein stolzes Selbstgefühl, fängt gegen Weihnachten an, sich zu langweilen, liest Shakespeare, liest Heinrich Heines Gedichte, spielt Schwarzer Peter, klimpert auf der Mandoline und verläßt die Insel am 28. April 1861.

»Ihr Herz«, erfahren wir aus Fayes Biographie, »verlangte nach den süßen Liebkosungen ihrer Kinder, ihre Augen wollten keine anderen Horizonte sehen, als die unschuldige Klarheit ihrer Augen. Fieberhaft zählte sie die Stunden – die Minuten –, die sie von diesen geliebten Wesen trennten.« – Die Minutenzählung hindert sie freilich nicht, die Heimfahrt recht gemächlich zu gestalten. Sie besucht Cádiz und Sevilla, Gibraltar, Mallorca, Malta, Korfu, trifft in Triest den Kaiser, fährt mit ihm nach Wien, blühend, gesund und schön. Ihre Kinder kennen sie gar nicht mehr.

Kaum ist sie in Wien, von der Bevölkerung mit überschwenglicher Begeisterung empfangen, beginnt der Krieg mit der Erzherzogin aufs neue. Sisi zieht wütend ins Schloß Laxenburg, sagt sämtliche Hoftafeln und Empfänge ab und fängt, eine wahre Meisterin im plötzlichen Erkranken und Genesen, sofort wieder an zu husten, leidet, wie gehabt, an

Madeiras maßvolles, sanftes Klima – mit 16 Grad Celsius durchschnittlicher Winter-Lufttemperatur und 21 Grad im Sommer – macht die Insel besonders beim reiferen oder rekonvaleszenten Publikum beliebt. Tropische Vegetation wächst willig in Parks und Hotelanlagen.

Folgende Doppelseite:

Korfu, die nördlichste der ionischen Inseln, bietet angenehme Sandstrände und warmes blaues Meer, Kalkgebirge im Norden und üppig-grüne Hügel im Süden. Nach Korfu entflieht die Kaiserin im Sommer 1861. Später baut sie hier ihr Achilleion.

Schwäche, Blutarmut, Erschöpfung, Halsschmerzen, Fieber, Schlaf- und Appetitlosigkeit.

Die Ärzte diagnostizieren galoppierende Lungenschwindsucht und erklären: Noch sechs Wochen in Wien, und sie ist tot. Eiligst muß sie nun wieder nach dem Süden, reist am 23. Juni ab, diesmal nach Korfu, wo sie am 27. eintrifft – schon beinah genesen. Sie wohnt im Landhaus des Gouverneurs, unternimmt lange Spaziergänge, segelt, badet, allen ärztlichen Ratschlägen zuwider, im Meer und unterzieht sich schlankmachenden Hungerkuren.

Schwester Helene kommt auf Besuch, der Kaiser schickt Kuriere; die Nachrichten, die er aus Korfu erhält, sind widersprüchlich: Sisi ist sonnengebräunt, ist leichenblaß, heiter, aber melancholisch, schöner denn je, hat ein geschwollenes Gesicht. Am 13. Oktober erscheint Franz Joseph selber auf der Insel, und Elisabeth beschließt, den Winter zwar ganz bestimmt nicht in Wien, doch in Venedig zu verbringen, immerhin auf – damals noch – habsburgischem Boden. Dorthin müssen auch die Kinder kommen, schon damit sich die Schwiegermutter grämt. Sisi liest viel und segelt, der Aufenthalt ist trotzdem nicht erquicklich, der venezianische Adel abweisend. Gleich schwellen Sisis Füße wieder an, wirkt ihr Gesicht gedunsen, wird sie von Anämie und Hungerödemen heimgesucht. Sieben Monate bleibt sie in Venedig, bis Ende Mai, und absolviert anschließend eine Wasser-

suchtkur in Kissingen, verbringt noch ein paar Wochen bei ihrer bayerischen Familie und trifft am 14. August, rechtzeitig zu Kaisers Geburtstag, nach fast zweijähriger Abwesenheit, wieder in Wien ein, reifer und noch schöner geworden, voll Energie und Selbstbewußtsein, und sagt den glücklichen Wienern: »Ich will hoffen, daß das Glück, in Ihrer Mitte zu sein, fortbestehen und durch nichts getrübt werden wird.« Der Kaiser behandelt sie mit Vorsicht und nachgiebiger Geduld; er weiß: der kleinste Anlaß reicht, das Glück zu trüben, und sie verschwindet wieder.

Schönheitskaiserin

Sisi habe »keinen einzigen hübschen Zug«, beklagte sich ihre Mutter im April 1853 bei Marie von Sachsen. Das ist weit und breit die einzige negative Stimme bezüglich Elisabeths Schönheit. Sonst sind sich alle Zeitgenossen und Lebensbeschreiber einig: Sisi war geradezu unglaublich liebreizend und anmutig; selbst ihre jeder leichtfertigen Lobhudelei unverdächtige Schwiegermutter fand, sie sei »schön wie ein Engel«.

Clara Tschudi beschreibt die bräutliche Elisabeth: »Ihre Gestalt war hoch und außerordentlich schlank, ihre Hände und Füße klein und wohlgeformt. Ihre kindlichen Gesichtszüge waren regelmäßig und fein. Um ihre Lippen konnte ein herrliches Lächeln spielen, das sich in ihren glücklicheren Tagen gar oft und gern zeigte. Ihre Augen waren dunkelblau und voller Tiefe. Ihre Haut war wie Milch und Blut und brachte in dem Rahmen des dunklen Haares, das, wenn sie es auflöste, wie ein dichtes, langes Gewand über sie herabfiel, einen Eindruck von großartiger Schönheit hervor. Bisweilen ließ sie es, in acht schwere Flechten geteilt, über ihre Schultern hängen, bisweilen wand sie es wie ein Diadem um ihr Haupt.« – Allerdings lasen aufmerksame Beobachter schon damals in ihren Augen »abgründige Gedanken, Anzeigen jener Mysterien ihrer Seele, die sie bald als ein unlösbares Rätsel vor die neugierige Welt stellen sollten« (F. Gribble).

Kaiser Wilhelm II. soll sie »sein Leben lang als die schönste Frau der Welt bezeichnet« haben, sein General Moltke fand Elisabeth 1865 »noch anziehender als schön«, und die preußische Kronprinzessin Viktoria schrieb 1862: »Ihre zwar nicht ganz regelmäßige Schönheit ist unübertrefflich. Ich habe nie etwas so Blendendes oder Pikantes gesehen. Die Gesichtszüge sind nicht so schön, als sie auf den meisten Bildern dargestellt sind, aber der Gesamteindruck ist viel liebreizender, als irgendein Gemälde es auch nur im entferntesten wiederzugeben vermag.«

»Elisabeth galt in den 1860er und

Romy Schneider als Sissi mit diamantenen Sternen im geflochtenen Haar. Das Stern-im-Haar-Motiv fehlt nie, wenn eine Schauspielerin als Kaiserin Elisabeth auftritt.

Die Vorlage für den Diamanten-Haarschmuck lieferte Franz Xaver Winterhalters Gemälde – das berühmteste aller Sisi-Porträts – aus dem Jahr 1864, das die Kaiserin in großer Gala zeigt.

1870er Jahren als schönste Frau der Welt. Man fuhr nach Wien, um sie zu bewundern, sie war eine Sehenswürdigkeit«, entnehmen wir einem ungarischen Sisi-Ausstellungskatalog, und auch, »daß beim Erscheinen der Kaiserin von den Lippen der Anwesenden ein deutlicher Seufzer zu hören gewesen sei und dieser nicht der Kaiserin, sondern vor allem der schönsten Frau Europas gegolten habe«.

Der amerikanische Gesandte in Wien nennt sie »ein Wunder der Schönheit – hoch und schlank, wunderschön geformt, mit einer Fülle von hellbraunem Haar, einer niederen griechischen Stirn, sanften Augen, sehr rothen Lippen mit süßem Lächeln«, und selbst Nasr-ed-Din, der unflätige Schah von Persien, war sprachlos, als er sie 1873 anläßlich der Wiener Weltausstellung erblickte. Er soll sogar erwogen haben, sie dem österreichischen Kaiser abzukaufen – was nicht die schlechteste Lösung gewesen wäre –, doch kam der Handel nicht zustande.

Maria Wallersee erinnert sich an ihre erste Begegnung mit der Kaiserin: »Elisabeth dünkte mich eine Tochter der Sonne und des Feuers, wie sie da saß in dem goldenen Morgen, der ihre Lieblichkeit und das Fremdartige ihrer unirdischen Erscheinung noch erhöhte.« Ihre Kollegin Marie Festetics vermerkt 1872 in ihrem Tagebuch: »Sie ist die Verkörperung des Begriffes Lieblichkeit. Einmal denke ich, sie sei eine Lilie, dann wieder: ein Schwan, eine Fee oder eine Elfe. Zum Schluß wieder nein! Eine Königin! Vom Scheitel bis zur Sohle ein königliches Weib! In allem fein und edel.«

Wie wird respektive wie bleibt man derart wunderschön? Die Freiin Wallersee verrät uns einige kosmetische Rezepte: Nachts trug sie »eine Art Maske, die innen mit rohem Kalbfleisch gefüttert war«, oder sie bestrich Gesicht und Hals mit zerquetschten Erdbeeren. Ihre Haut hielt sie durch warme Olivenölbäder geschmeidig, und geschlafen hat sie »in einer einfachen Eisenbettstelle, die sie auf allen Reisen mit sich führte. Sie verschmähte Kopfkissen und lag ganz flach, wahrscheinlich, weil ihr irgend jemand eingeredet hatte, daß dies ihre Schönheit wohltätig beeinflusse.« Übrigens, behauptet unser Gewährsmann Francis Gribble, benutzte sie zum Baden destilliertes Wasser.

Ihre Haare, im offenen Zustand knie- bis knöchellang, waren ihr größter Stolz. Alle drei Wochen wurden sie mit rohen Eiern und Cognac gewaschen, eine Prozedur, die, inklusive Trocknen, einen ganzen Tag in Anspruch nahm. Ohne Waschen und Legen dauerte die tägliche Frisur drei Stunden.

Nur einen Schönheitsfehler hatte Sisi: ihre kariösen bräunlich-gelben Zähne. Obgleich sie schon mit zwei Zähnen im Munde auf die Welt gekommen war – rein dentistisch eigentlich ein gutes Omen –, befand sich ihr Gebiß in einem üblen Zustand. Schon in Ischl hatte die Erzherzogin Sophie daran beredten An-

Das ist Nasr-ed-Din, der wilde Schah von Persien, geboren 1829, auf dem Pfauenthron seit 1848. 1873 kam er zur Weltausstellung nach Wien, wurde im Schloß Laxenburg einquartiert und machte dort durch eigenhändige Hühner- und Hammelschlachtungen von sich reden.

Das dritte Winterhalter-Sisibild (hier eine Kopie von Riegele): die Kaiserin im Schmuck ihrer aufgelösten Haare, die ihr bis zu den Knien oder, nach andern Auskünften, sogar an die Knöchel reichten.

Franz Schrotzbergs Sisi-Bild ist eins der wenigen, zu denen die Kaiserin Modell stand. Diese Ehre tat sie nur noch Piloty und Winterhalter an. Die andern Maler mußten sich an flüchtige Eindrücke oder an Fotografien halten.

stand genommen. Als sich herausstellte, daß Putzen auch nicht sehr viel nutzte, entschied sich Elisabeth dafür, ihre Zähne einfach zu verstecken, indem sie die Oberlippe drüberzog, den Mund kaum öffnete und überdies auch noch ein Taschentuch davorhielt – was Gespräche mit ihr etwas beschwerlich gestaltete. »Wer Elisabeth nicht genau kannte«, berichtet Maria Wallersee, »konnte sie nur mit der größten Anstrengung verstehen.« Erst im höheren Alter trug sie dann ein künstliches Gebiß. Ihren geschickten Umgang damit schildert die Schauspiele-

Sisi, die Gertenschlanke, Federleichte. Um ihrer Fünfzig-Zentimeter-Taille willen fastete sie sich halb zu Tode und schnürte sich bis zur Atemnot. Das Gemälde stammt von Franz Ruß.

rin Rosa Albach-Retty, die sie einmal in einem Ischler Landgasthof beobachtete: »Elisabeth schaute sekundenlang vor sich hin, griff dann mit der linken Hand nach ihrem Gebiß, nahm es heraus, hielt es seitlich über den Tischrand und spülte es mit einem Glas Wasser ab. Dann schob sie es wieder in den Mund. Das alles geschah mit so viel graziöser Nonchalance, vor allem aber derart blitzschnell, daß ich zunächst meinen Augen nicht trauen wollte.«

Sisi war 1 Meter 72 groß. Ihr Taillenumfang betrug 50 Zentimeter (die Kaiservilla-Führerin in Bad Ischl behauptet sogar: nur 40), und sie achtete zeitlebens streng darauf, daß ihr Gewicht 50 Kilogramm nicht überschritt. (Heute billigt man Damen ihrer Größe gut 60 Kilo als Normalgewicht zu.)

Elisabeths griechischer Vorleser Constantin Christomanos schwärmte noch 1891, als sie immerhin 54 Jahre alt war: »Ihre ganze Gestalt, allzu fließend, um nur schlank genannt zu werden, seufzt wie eine Cypresse zum Himmel, flutet wie eine Welle, wenn sie ruhet und athmet.« – Mutter Ludovika freilich meinte, sie sei einfach »dürr wie eine Bohnenstange«.

Diese Dürre erhielt sie sich dadurch, daß sie oft mit feuchten Tüchern oberhalb der Hüften schlief, und durch rigorose, hochwirksame, selbstverordnete Diät- und Hungerkuren, mit denen sie bisweilen auch ihre Umgebung mitkasteite.

»Sie ißt schrecklich wenig«, beschwerte sich der vom Kaiser nach Madeira entsandte Graf Rechberg, »so daß auch wir darunter leiden müssen, denn das Essen, vier Speisen, vier Desserts, Kaffee etc. dauerte nie über fünfundzwanzig Minuten.« – Es war ja – und ist wahrscheinlich noch heut – bei Hofe nicht gestattet, daß jemand weiteraß, wenn die anwesende Majestät den Löffel aus der Hand gelegt hatte.

Sisi-Foto 1865 von ihrem Wiener Leibfotografen Victor Angerer. Bis etwa 1870 ließ sie sich gern und oft fotografieren. Dann nicht mehr. Spätere Bilder sind meist Falsifikate, retuschierte Kopien von früher.

Zeitweise ernährte sie sich nur von ausgepreßtem rohem Hühner-, Rebhuhn-, Reh- und Ochsenfleischextrakt, wochenlang nahm sie nichts anderes zu sich als Eier, Orangen und rohe Milch. Milch war ihr Leibgetränk, frisch von der Kuh, aber

Sisis Badezimmer in der Wiener Hofburg. Hier begann sie, um fünf oder sechs Uhr in der Früh, den Tag mit einem kalten Bad. Auch warme Olivenölbäder schätzte sie, weil sie die Haut geschmeidig hielten. Allerdings ist es vorstellbar, daß sie als Ölgebadete nicht ganz angenehm roch.

nicht von irgendeiner. Kuh ist ja keineswegs Kuh, die eine gibt vorzügliche, die andere weit weniger schmackhafte Milch; der moderne Konsument ultrahocherhitzter, pasteurisierter, homogenisierter, uperisierter, entrahmter, tetraverpackter H-Milch hat davon keine Ahnung mehr. Sisi nahm daher auf ihre Reisen gern bewährte eigene Kühe aus ihrer Wiener Meierei mit. Traf sie eine besonders tüchtige Milchkuh unterwegs, wurde die gekauft und nach Schönbrunn geschickt.

1956 drehte Ernst Marischka den Farbfilm in Agfacolor »Sissi, die junge Kaiserin«. Der Erfolg der »Sissi«-Filme war gewaltig; das Publikum der fünfziger Jahre nahm gerührten Anteil am Geschehen in Adelskreisen und bei Hof. Karlheinz Böhm war der junge Kaiser, Romy Schneider seine Kaiserin. Sie hatte lang zu tun, ihr Sissi-Image wieder loszuwerden.

Eis mochte sie gern, und auch Austern schmeckten ihr. Wie aber – interessante Zwischenfrage – hielt's die bayerische Wittelsbacherin wohl mit dem Bier?

»Mein Lieblingsgetränk ist diese braune Flüssigkeit auch nicht«, sagte sie der Gräfin Sztáray. Dafür aber, daß sie's nicht schätzte, sprach sie ihm wacker zu und rief schon als ganz neue Kaiserin am Wiener Hof »einen Sturm der Entrüstung« hervor, als sie – und das zum Frühstück – »Brot, Wurst und ein Glas Münchener Bier« verlangte (das sie natürlich nicht bekam). – 1861 teilt Prinzessin Helene ihrer Mutter erleichtert aus Korfu mit, Sisi »trinkt viel Bier«.

Ihre Liebe zum Bier hielt bis zu ihrem Tode. 1898 sitzt sie mit der Gräfin Sztáray im Hofbräuhaus. »Ich verlasse niemals München«, sagt sie, »ohne hier einzukehren.« Und: »Es gehört schon zu meinen Traditionen, in München dem bayrischen Biere die Ehre meines Besuches anzutun.«

Sisi & Sissi

Sisi war in der Tat eine außergewöhnlich schöne Frau; ihre Porträts lassen keinen Zweifel dran. Dennoch irritieren sie den Betrachter irgendwie, er hat ein anderes Sisibild im Sinn: Romy Schneider. Sie hat aus Sisi das gemacht, was sie der Nachwelt heut noch ist: die liebliche, die süße Sissi. – Rosa Albach-Retty, Romy Schneiders Großmutter, erzählt, wie sie einmal in Wien die Kapuzinergruft besuchte: »Und der Pater Guardian verkündete düster: ›In diesem Sarkophag, meine Damen und Herren, hat Österreichs unglückliche Kaiserin Elisabeth, genannt Sissi, die letzte Ruhe gefunden.‹ – ›Jessas, die Sissi, die Romy is g'storben?‹ schrie da eine Frau entsetzt auf.«

Den drei berühmten Ernst-Marischka-Sissi-Filmen aus der Soraya- und Gracia-Patricia-Zeit 1955, 56, 57 geht ein »Prinzessin-Sissy«-Film aus dem Jahr 1938 voraus.

Sissy ist da noch ein Kind, lebt froh und unbeschwert in Possenhofen, ein Wanderzirkus fällt einer Feuersbrunst zum Opfer, aber Sissys Vater Max rettet ihn vorm Bankrott, indem er mit seinen Freunden und mit Sissy als Dressur- und Kunstreiter auftritt. Da solche Extravaganzen für einen Herzog ganz und gar unschicklich sind, wird König Ludwig I. zornig, will die adeligen Akrobaten verhaften lassen, doch Klein Sissy besänftigt ihn, und alles findet sein glückliches Ende. – Den kauzi-

Film-Sissi frischverlobt. Feldmarschall Radetzky (Otto Tressler) gratuliert ihr. Hinter ihm sieht man Nené (Uta Franz). Neben Kaiser Karlheinz Böhm steht Peter Weck als etwas mißgelaunter Erzherzog Carl Ludwig; denn heimlich liebte auch er die schöne Elisabeth.

gen Herzog spielt Paul Hörbiger, seine Frau Ludovika Gerda Maurus, die Sissy ist Traudl Stark (Regie: Fritz Thiery).

Die herzrührendste Stelle in Sisis Biographie ist die Ischler Verlobung. 1932 brachten Ernst und Hubert Marischka (mit der Musik von Fritz Kreisler) ein Singspiel namens »Sissy« auf die Bühne. Ludovika fährt mit ihrer Tochter Nené, die mit Franz Joseph verlobt werden soll, nach Ischl. In ihrer Aufregung lassen die beiden Nenés silbernes Hofkleid zu Hause liegen. Vater Max und Sissy reisen uneingeladen nach, Sissy, mit der Kleiderschachtel unterm Arm, pflückt im Park der Kaiservilla Rosen, Franz Joseph, der sie beobachtet, hält sie für eine Schneidermamsell, verliebt sich in sie, erfährt nach mehreren Verwicklungen, wer Sissy wirklich ist, und verlobt sich mit ihr. Nené aber, die den Kaiser gar nicht haben wollte, bekommt den Prinzen Thurn und Taxis, den sie liebt. Die Operette ist nicht sonderlich berühmt geworden, zumal da es ihr an rechten Ohrwürmern gebricht; dennoch wird sie dann und wann in Bad Ischl aufgeführt.

1954 dreht Helmut Käutner »Ludwig II. Glanz und Ende eines Königs«, mit Ruth Leuwerik als Sisi und O. W. Fischer als Ludwig II.

Ein Jahr darauf kommt Ernst Marischkas erster »Sissi«-Film. Wieder fängt alles in Ischl an. Franz Joseph und Sissi begegnen sich zufällig, als Sissi zum Angeln geht, und abends beim Souper in der Kaiservilla feiern sie auch bereits Verlobung. Sissi fährt auf dem Rosenschiff ins jubelnde Wien. Mit der Hochzeit endet der Film. – Hier wird Sissi erstmals von Romy Schneider verkörpert. Karlheinz Böhm ist der junge Kaiser, Magda Schneider Sissis Mutter Ludovika, Gustav Knuth der Herzog Maximilian.

Fortsetzung folgt 1956: »Sissi, die junge Kaiserin«. Die erste Kaisertochter, Sophie, kommt auf die Welt. Alle lieben Sissi, nur die böse, ränkeschmiedende

Romy, die junge Kaiserin, mit Magda Schneider als Herzogin Ludovika, die nicht nur im Marischka-Film, sondern auch im Leben ihre Mutter war.

Schwiegermutter nicht. Verzweifelt flieht Sissi nach Possenhofen. Franz Joseph aber holt sie liebevoll zurück, wandert mit ihr im Hochgebirge, steigt von Heiligenblut aus halb auf den Großglockner (wo auf der Franz-Josephs-Höhe noch heut sein Denkmal steht), Sissi bewerkstelligt die Aussöhnung mit Ungarn, und in Budapest ist Königin- und Königskrönung.

1957 erlebt das Publikum »Sissi – Schicksalsjahre einer Kaiserin«. Sissi – immer noch von Romy Schneider dargestellt – hält sich mit Tochter Sophie in Ungarn auf, boshafte Feinde sagen ihr eine Affäre mit dem Grafen Andrássy nach. Sie macht Urlaub in Ischl, wird lungenkrank, doch auf Madeira und Korfu geheilt, fährt mit dem Kaiser nach Italien, wo sich der Adel ablehnend verhält, das Volk aber alsbald dem Zauber der schönen Kaiserin verfällt, und auf dem Markusplatz in Venedig nimmt alles sein Happy-End.

Kaiserin & König

Kaiserin Elisabeth von Österreich und König Ludwig II. von Bayern, Base und Cousin, die »schönste Frau der Welt«, und er, der galante, malerisch-romantische Monarch, »übergossen vom Reiz jugendlicher Schöne« – welch ein wunderherrliches Paar!

Im Juni 1864 kommen sie sich näher, in Kissingen, sie 26, er 18 Jahre alt, unternehmen lange Wanderungen, führen tiefsinnige Gespräche und erkennen die Gleichgestimmtheit ihrer Seelen.

Die Freundschaft ist dauerhaft. Man trifft sich, wenn die Kaiserin am Starnberger See weilt, auf der nahen Roseninsel und im Possenhofener Schloß, er beschenkt sie mit Blumen, küßt ihr die Hände, man korrespondiert, verfaßt herzliche Gedichte.

Eine herzliche Seelenfreundschaft verband Sisi mit ihrem Vetter, dem schönen König Ludwig II. von Bayern. Träumer und Illusionisten waren sie beide, menschenscheu und erhaben über die banale Welt und ihr Getriebe. Manchmal gab's auch Differenzen, zum Beispiel, als er 1867 ziemlich jäh die Verlobung mit Sisis Schwester Sophie löste.

Du Adler, dort hoch auf den Bergen,
Dir schickt die Möve der See
Einen Gruss von schäumenden Wogen
Hinauf zum ewigen Schnee.

Einst sind wir einander begegnet
Vor urgrauer Ewigkeit
Am Spiegel des lieblichsten Sees,
Zur blühenden Rosenzeit –

reimt sie (1885), und Ludwig dichtet zurück:

»Der Möwe Gruss von fernem Strand
Zu Adlers Horst den Weg wohl fand.
Er trug auf leisem Fittig-Schwung
Der alten Zeit Erinnerung.«

Er bewundert sie, nennt sich ihren »getreuen, Sie von jeher und für immer verehrenden Sklaven«. Als er die Kaiserin – im Juli 1867 – im Zug nach Österreich begleitet hatte, schrieb er ihr: »Du machst Dir keinen Begriff, liebe Kusine, wie glücklich mich das gemacht hat. Die neulich im Waggon zugebrachten Stunden rechne ich zu den glücklichsten meines Lebens; niemals wird die Erinnerung daran verlöschen.«

Erotik spielt, trotz unqualifizierter gegenteiliger Behauptungen frecher Moralisten, keine Rolle in der Beziehung. Der »keusche König« lehnt derartiges, noch dazu mit Frauen, voll Empörung ab. »Bei den meisten jungen Leuten«, schreibt er einmal, »mischt sich Sinnlichkeit in ihre Neigung zum anderen Geschlecht; diese verdamme ich.« – Elisabeth ist der sinnlichen Liebe ohnedies nicht zugeneigt:

Lang geh ich schon hinieden um,
Mich macht die Liebe schauern –

dichtet sie und erwähnt lobend ihre Freundschaft mit dem Grafen Andrássy, die »nicht durch Liebe vergiftet« war.

Ludwig und Elisabeth passen in er-

In Kissingen lernten sich, 1864, Ludwig und Elisabeth des nähern kennen. Die Dame rechts im Bild im wallenden Gewand ist Sisi, schräg hinter ihr ihr Vater Max. Der große Herr mit dem runden Hut ist der russische Zar Alexander II. Nikolajewitsch. Links, mit Zylinder, Bayernkönig Ludwig, neben ihm Zarin Marie.

Auf der lauschigen Roseninsel in der Feldafinger Bucht des Starnberger Sees hatten Sisi und Ludwig ihre Tête-à-têtes. Umduftet von Rosen tauschten sie hier ihre krausen Gedanken aus. Der Abstand, den Sisi vom König hält, mag auf sein Chypre-Parfüm zurückzuführen sein, das er reichlich verwendete; Sisi aber haßte Parfümgerüche.

schreckendem Maße zusammen, in ihrer Überspanntheit, Egozentrik, Menschenscheu, Melancholie, Verschwendungssucht, in ihrem elitären Unverstandenheitsgefühl, in der Art, wie sie vor ihren Pflichten fliehen, sich in ihre Krankheiten und Leiden einspinnen; sogar die gleichen schlechten Zähne haben sie. Sisi haßt Wien, Ludwig München; sie fühlt sich in ihrer »Kerkerburg«, er im »goldenen Käfig« eingesperrt.

Bisweilen traten auch Störungen der schönen Harmonie auf. Manchmal ging ihr der schwärmerische König auf die Nerven, und sie stöhnte: »Wenn mich nur der König von Baiern in Ruhe läßt!« Während ihn die ausführlichen Erzählungen über ihre Lieblingstochter Valerie langweilten. Und 1867, als Ludwig sich mit Sisis Schwester Sophie verlobt hatte, dies aber gleich wieder bereute, die Hochzeit immer weiter hinausschob und schließlich die Verlobung löste, war sie ihm bitterböse. »Wie sehr ich über den König empört bin und der Kaiser auch, kannst Du Dir vorstellen«, schrieb sie ihrer Mutter, fügte aber tröstend hinzu: »Glücklich hätte sie weiß Gott mit so einem Mann nicht werden können.«

Als der König 1886 für geisteskrank erklärt, abgesetzt und im Schloß Berg interniert worden war und schließlich im Starnberger See ertrank, wohnte Sisi in Feldafing. Gerüchte kamen auf, sie habe ihm eine Kutsche geschickt, die ihm die Flucht ermöglichen sollte. Dafür gibt es jedoch keinerlei Beweise.

Dennoch erschien ihr der König kurz nach seinem Tod leibhaftig. Sisis Nichte, die Freiin Wallersee, hat aufgeschrieben, was ihr die Kaiserin erzählte:

»Der Mond war jetzt aufgegangen, und sein Schein erleuchtete das Zimmer mit Tageshelle. Da sah ich, wie die Tür sich langsam öffnete, und Ludwig kam herein.

Seine Kleider waren schwer vom Wasser, das an ihm herabtriefte und kleine Lachen auf dem Parkett bildete. Sein feuchtes Haar klebte um sein weißes Gesicht, doch es war Ludwig, wie er im Leben ausgesehen hatte.

Wir starrten einander schweigend an, dann sagte der König langsam und traurig:

›Hast du Angst vor mir, Sissi?‹

›Nein, Ludwig, ich habe keine Angst.‹

›Ach‹, seufzte er, ›der Tod hat mir nicht den Frieden gebracht, Sissi; sie verbrennt in Qualen. Die Flammen umflackern sie, der Rauch erstickt sie. Sie verbrennt, und ich kann sie nicht retten!‹

›Wer verbrennt, lieber Vetter?‹ fragte ich.

›Ich weiß es nicht, denn ihr Gesicht ist verhüllt‹, antwortete er, ›doch ich weiß, daß es eine Frau ist, die mich geliebt hat, und bis ihr Geschick sich erfüllt, werde ich nicht frei sein. Doch nachher wirst du uns begegnen, und wir drei werden zusammen glücklich sein im Paradies.‹

›Was bedeutet das? Wann soll ich dir begegnen?‹

›Das kann ich dir nicht sagen‹, erwiderte Ludwig, ›denn im Reiche der Seelen kennt man keine Zeit.‹

›Auf welchem Wege soll ich Euch begegnen? Wird es eine Reise durch ein schmerzliches Alter sein voller Reue und Erinnerung?‹

›Nein, Sissi‹, sagte mein Vetter, ›wohl wirst du viele Tränen vergießen und Reue und Erinnerung kennen lernen, ehe du zu uns kommst. Aber deine Reise wird ein rasches, jähes Ende finden.‹

›Werde ich leiden müssen?‹

Er lächelte: ›Nein, du wirst nicht leiden.‹

›Wie soll ich wissen, daß ich nicht träume?‹ fragte ich.

Ludwig kam langsam an mein Bett, die Kälte des Todes und des Grabes durch-

Im Schloß Berg am Starnberger-See-Ostufer hielt sich König Ludwig gern im Sommer auf. Die Anlage stammt aus dem 17. Jahrhundert; Ludwigs Vater Max II. schmückte das Gebäude gotisch mit Ecktürmen und Zinnen, die 1949 wieder abgerissen wurden. Eine Gedächtniskapelle im Schloßpark erinnert an den König, der hier 1886 ertrunken ist.

fröstelte die Luft. ›Gib mir die Hand‹, gebot er.

Ich streckte die Hand aus, und seine nassen Finger umschlossen sie. In diesem Augenblick wurde all mein Mitleid lebendig. ›O, bleibe‹, rief ich, ›verlaß' nicht die Freundin, die dich liebt, um zu deinen Leiden zurückzukehren. O, Ludwig, bete mit mir um deinen Frieden.‹

Doch während ich sprach, verschwand die Gestalt.«

Elisabeth versicherte ihrer Nichte, die Geschichte sei »Wort für Wort wahr« und durchaus kein Traum gewesen. Bei der brennenden Dame, erkannte die Kaiserin später, habe es sich um ihre Schwester Sophie – Ludwigs einstige Braut – gehandelt, die 1897 beim Brand eines Wohltätigkeitsbasars in Paris eines gräßlichen Todes starb.

Sisi und die Magyaren

Für Politik zeigte Sisi nicht mehr Begeisterung als für die meisten anderen Dinge, die mit ihrem Kaiserinberuf zusammenhingen. »Ich habe auch zu wenig Respect vor der Politik und erachte sie eines Interesses nicht wert«, vertraute sie ihrem Griechischvorleser Christomanos an, und sein Nachfolger Marinaky zitiert sie mit dem Ausspruch: »Ich verabscheue jedoch die moderne Politik und denke, daß sie voller Betrug ist.«

Die Aufstände von 1848/49 in Oberitalien und Ungarn waren vor ihrer Zeit gelegen. Im Italienischen Krieg von 1859 beließ sie es bei Weinkrämpfen und allge-

Die ungarische Krönung wurde in der Matthiaskirche in Buda gefeiert. Der Fürstprimas János Simor setzte, assistiert vom Ministerpräsidenten Andrássy, in althergebrachter Zeremonie Franz Joseph die Königskrone und seiner Frau die sogenannte Hauskrone auf; dann wurde dem Königspaar gehuldigt. Rechts im Vordergrund Graf Andrássy.

Graf Gyula Andrássy (1823–1890) war 1848 wegen Teilnahme an der Revolution in Abwesenheit zum Tode verurteilt worden. Nach seiner Begnadigung 1858 kehrte er nach Ungarn zurück und wurde 1867 ungarischer Ministerpräsident. 1871 bis 1879 war er Außenminister der österreichisch-ungarischen Monarchie.

meinen Kommentaren wie: Der Kaiser soll möglichst bald Frieden schließen. Als der 1866er Krieg vor der Tür stand, meinte sie: »Es wäre wirklich eine Gnade Gottes, wenn der König von Preußen auf einmal stürbe.«

Die einzige Ausnahme von ihrer politischen Abstinenz machte sie, als sie sich in den sechziger Jahren Ungarn zuwandte. Die ungarische Rebellion im Jahr 1849 war von den Österreichern mit Hilfe Rußlands blutig unterdrückt worden,

Dieses Bild zeigt Sisi im ungarischen Krönungsornat. Georg Raab sah sich, als er sie 1867 malte, auf ein paar Skizzen und auf eine Fotoserie angewiesen.

Raab. 1867

Als Krönungsgeschenk des ungarischen Volkes erhielt das Kaiser- beziehungsweise Königspaar das Schloß Gödöllö östlich von Budapest, das sich bald zu Sisis Lieblingsaufenthalt entwickelte; hier war sie weitaus öfter anzutreffen als in Wien – was die Wiener sehr erbitterte.

seither wurde das Land, zur Strafe, als Teil Österreichs zentralistisch mitverwaltet. Die stolzen Ungarn aber verlangten ihre alten Sonderrechte, ihre Verfassung, ihren Landtag, die Krönung Franz Josephs zum ungarischen König, wieder.

Schwiegermutter Sophie haßte die Magyaren, die in ihren Augen gefährliche Aufrührer und Unruhestifter waren; dies war wohl der triftigste Grund für Elisabeths ungarisches Engagement. Überdies entdeckte sie eine »Wesensverwandtschaft« zwischen sich und den Menschen in der Puszta. »Die Kaiserin liebte ja auch ihrerseits die Ungarn, deren ritterliches Wesen, deren Vorliebe für Reiten, Pferde, feurige Tänze, schmachtende Zigeunerweisen und heiße Leidenschaft ihrem eigenen Fühlen und Sein so sehr entsprach, über alles.« (E. Ketterl)

Die schlauen Ungarn wußten diese Zuneigung geschickt zu nutzen, schmeichelten der Kaiserin, priesen enthusiastisch ihre herrliche Schönheit, bauten auf ihre Opposition zum Hof, brachten, gewissermaßen als verdeckte Agentin, eine ungarische Gesellschaftsdame, Ida von Ferenczy, in ihrer Nähe unter, die sich alsbald zu Sisis engster Freundin und Vertrauten entwickelte und die Kaiserin im ungarischen Sinn zu beeinflussen wußte. Bald wurde Ungarn zur fixen Idee der Kaiserin, sie begeisterte sich für den Nationalheroen Gyula Andrássy, begann mit Eifer, Ungarisch zu lernen, lief in ungarischer Tracht herum, bestürmte ihren Mann, den »Ausgleich« mit Ungarn zu betreiben, und schrieb ihm lange ultimative Briefe: »Ich hoffe in Bälde schon von Dir zu hören, daß die ungarische Angelegenheit endlich in Ordnung gekommen ist und wir bald in der alten Festung Ofen sein werden. Wenn Du schreibst, daß wir fahren können, dann werde ich endlich beruhigt sein, da ich wissen werde, daß ich mein heißersehntes Ziel erreicht habe.«

Der Kaiser wehrt sich anfänglich, gibt aber schließlich, beeinflußt auch von seinen Beratern, nach, und am 8. Juni 1867 wird das Kaiserpaar zum König und zur Königin Ungarns gekrönt. Fünf Tage dauern die pompösen Festlichkeiten, Sisi nimmt, ganz gegen ihre Gewohnheiten, unermüdlich an allen Bällen und Empfängen teil. Von der ungarischen Nation werden Sisi und Franz Joseph mit dem Jagdschloß Gödöllö beschenkt, das Sisi fortan als ihr eigentliches Zuhause betrachtet und in dem sie weit mehr Zeit als in Wien verbringt.

Sisi ist stolz, fühlt sich als Retterin der Ungarn und vergilt ihrem Franz Joseph seine Nachgiebigkeit mit ehelicher Zuneigung: Zehn Monate nach der Krönung bringt sie ihre Tochter Marie Valerie zur Welt – nicht ohne die gute Gelegenheit, Wien zu provozieren, wahrzunehmen: Die Geburt findet in Budapest statt.

Sport ist Mord

»Wenn sie zu uns nach Ischl gekommen ist, hat sie immer mindestens vierzig Pferde dabeigehabt«, erzählt die Kaiservilla-Führerin dem Publikum. »Und hier zwischen den zwei Spiegeln hat sie ihre Morgengymnastik kontrolliert. Sie war ja sehr sportlich.«

Sehr sportlich war Sisi in der Tat, reitsportlich insbesondere. Schon als Kind in Possenhofen ritt sie fleißig, dann als junge Kaiserin in Wien, später, in den siebziger Jahren, auf dem Höhepunkt ihrer Reiterkarriere, in Ungarn, England, Irland und in der Normandie. Eingenäht in ihr dunkelblaues, pelzbesetztes Reitkostüm, mit einem niedrigen Zylinder auf dem Kopf, war sie nicht nur ein »unvergeßlich schöner Anblick«, sondern alsbald auch eine der besten Parforcereiterinnen in Euro-

pa. Reiten war ihre Obsession, hier fand sie ihre Selbstbestätigung. »Sie hat den Kniff heraus, eine unmittelbare, nahezu mesmerische Beziehung zu ihrem Pferd anzuknüpfen. Sie stellt jede Reiterin, die ich kenne, in den Schatten«, attestierte ihr ein Wiener Reitlehrer, und von Clara Tschudi wissen wir: »Selbst die bösartigsten Pferde ließen sich gern von ihr klapsen. [...] Sie setzte über die höchsten Hecken ohne jedes Zagen. Auf den Jagden sprengte sie meist ohne weiteres über Hindernisse, vor denen unerschrockene Reiter Halt machten. Und den Direktor der Reitschule in Wien erschreckte sie fast zu Tode, indem sie verlangte, er solle ihr die unlenkbarsten Tiere senden, die er habe. Öfter stürzte das Pferd unter ihr, und sie kam zu Schaden; aber derartige Unfälle vermochten ihre Leidenschaft für das Reiten nicht zu vermindern.«

Das vermochte erst das Jahr 1882. Da hörte sie plötzlich auf zu reiten. Man weiß nicht recht, warum. War's, weil ihr Jagdreitführer Bay Middleton geheiratet hatte und sie beleidigt war? Oder waren

In den Jahren 1879 und 1880 feierte die Kaiserin Triumphe als Jagdreiterin in Irland. Ermahnungen, daß ihre irischen Aktivitäten politisch nicht sehr opportun und mit Rücksicht auf England besser unterblieben wären, kümmerten sie nicht.

Parforcejagd in England. Sisi (und noch dazu im Damensitz) und ihr bewährter Reitbegleiter Captain Bay Middleton beim Sprung über eine Hecke. Der bärtige Herr im Vordergrund ist der Gastgeber Lord Harrington.

Auch als Kunst- und Zirkusreiterin galt Sisi viel in Pferdesportlerkreisen. Hier sieht man sie (1876) im Hof des Schlosses Gödöllö Hohe Schule trainieren. Ihr Pferd heißt Avolo, und der Meister, der sie malte, Wilhelm Richter.

Vorhergehende Doppelseite:

Sisi ritt in Ungarn, ritt in England, ritt in Irland. 1875 hielt sie sich, um sich auf ihre englische Jagdreiterei vorzubereiten, in der Normandie auf, wohin sie, laut offizieller Verlautbarung, ohnehin ihrer Tochter Valerie wegen mußte, die dringend einer Seeluftkur bedurfte.

Überall, wo sie öfters wohnte, mußten für Sisi Turnzimmer eingerichtet werden. Hier sieht man ihr Fitneß-Studio in der Wiener Hofburg – leider ohne sie; bei ihrer täglichen Gymnastik an den Ringen, an der Sprossenwand, am Barren und beim Umgang mit den Hanteln ließ sie sich nicht ablichten, nicht einmal vom Herrn Angerer.

es ihre Gicht und ihr Rheuma, die ihr die Lust verdarben? Jedenfalls traf man sie von nun an nur noch selten im Sattel.

Aber Sport mußte sein, Sport erhält schön, jung und elastisch. »Elisabeth glaubte blind an die Macht des Sportes, die Gesundheit und Kraft des Körpers aufrecht erhalten zu können« (C. Tschudi) – ein Gedanke, der ja so verkehrt nicht ist, jedoch voraussetzt, daß man den Sport mit einem Mindestmaß Vernunft betreibt und nicht mit Hungerkuren kombiniert. Ebendies aber tat Elisabeth, und ebendamit sind auch nicht wenige ihrer Krankheiten zu erklären. Sport und Magersucht passen schlecht zusammen. Ärzte, die sie zu sinnreicher Ernährung und maßvoller Sportivität überreden wollten, fanden kein Gehör. »Ach«, sagte die Kaiserin zu ihrer Tochter Valerie, »Ärzte und Priester sind doch solche Esel.«

Stundenlang trieb sie Gymnastik, in jedem Schloß, das sie bewohnte, und auch in ihrem Feldafinger Hotel Strauch mußte ein Turnzimmer eingerichtet werden; und nun fing sie an, säbel-, degen- und florettzufechten. Die Überlieferung behauptet natürlich, schon bald hätten sich ihre Fechtmeister alle Mühe geben müssen, um zu verhindern, daß sie sie durchbohrte und entzweischlug, aber ganz so spektakuläre Erfolge stellten sich hier offenbar doch nicht ein. In einem ihrer Gedichte schildert Sisi die Beschwerlichkeiten einer Fechtlektion:

Dann kamst du, Säbel, an die Reih'
Mit deiner schartdurchwetzten Schneid',
Und schwer warst du, bei meiner Treu,
Mir deucht, mein Arm zeigt es noch heut'.

Die untern Hiebe, mein Malheur,
Die bracht' ich nimmermehr zustand;
Sie kamen stets zu plump und schwer
Aus meiner ungelenken Hand.

Vom Sommer 1885 ist uns ein anderes Sisi-Sportgedicht überliefert:

Im Mondenschein, in Sonnenhitz
Bis zu der höchsten Felsenspitz
Steig' täglich ich hinan.
Ob's donnert auch und stürmt und blitzt,
Ob droben grauer Nebel sitzt,
Was liegt mir wohl daran!

Gar nichts lag ihr daran, sie hatte sich nun dem Wandersport verschrieben. Natürlich aber ging sie nicht etwa spazieren wie andere Menschen, sie rannte spazieren, sechs, sieben, achteinhalb, zehn Stunden lang, und wurde zur gefürchteten Joggerin. »Sie ›lief‹ wirklich«, berichtet uns der Kammerdiener Ketterl. »Neben ihr her keuchte ihre Hofdame, hinterdrein ein Lakai. Wenn die Kaiserin ihr rasendes Tempo einschlug, warf sie alle Augenblicke bald den Mantel, bald die Jacke, dann den Shawl oder den Pelz ab, und der Lakai mußte die einzelnen Kleidungsstücke, wie sie die Kaiserin auf die Erde fallen ließ, aufheben und ihr nachschleppen.«

Polizisten, die sie rennen sahen, vermuteten des öfteren, die Damen würden von einem Unhold verfolgt, und sausten besorgt hinterher, bis sie erkannten: Es ist die Kaiserin Sisi, die spaziereneilt.

Wo ist die Kaiserin?

Ja, wo ist sie denn? Vielleicht in Ischl oder in Bad Kissingen, weil sie gerade wieder eine Kur benötigt? Oder in Possenhofen? An der Riviera? Auf Korfu? Schwimmt sie in der kalten Nordsee? Oder sitzt sie in Easton Neston/Towcester, in Cottesbrook/Northamptonshire oder sonstwo auf einem Pferd?

Oder repräsentiert sie mit holdseligem Lächeln an des Kaisers Seite vor andern Majestäten oder vor ihrem Volk?

Denn: »Wie sehr auch Festlichkeiten

Einen Fächer hatte Elisabeth immer dabei, sogar beim Reiten. Den brauchte sie nicht, um sich Kühle zuzufächeln, sondern um ihr Gesicht zu verstecken, wenn Neugierige oder gar Fotografen des Weges kamen. So gelangen unverschämten Schnappschützen meist nur Bilder wie dieses. Oder eins, auf dem sie sich hinter einem Schirm verbarg.

und Hofzeremonien dem Geschmacke der Kaiserin widersprachen, so füllte sie dabei ihren Platz durch mehr als dreißig Jahre mit unnachahmlicher Anmuth und Würde aus. Sie bewegte sich frei unter dem Volke, fuhr in den Prater, das bei Wien liegende Lustwäldchen, und zeigte sich stetig in der Oper, in den Theatern und bei Concerten.« (A. de Burgh)

»Stetig in der Oper« klingt beinah wie Ironie. Nicht einmal zur Eröffnung der neuen Oper im Mai 1869 war sie da. Die Architekten hatten ihr eigens einen Spezialsalon gezimmert, mit Bildern drinnen vom Starnberger See und von ihrer Lieblingsfeenkönigin Titania, dann aber mußte sie dringend ihren Aufenthalt in Budapest verlängern; das Fest wurde auf einen anderen Termin verlegt, zu dem sie sich zwar in Wien aufhielt, den sie aber wieder nicht wahrnehmen konnte; wegen Unpäßlichkeit, die ihr, genau wie ihrem bayerischen Königsvetter Ludwig, auch sonst bei der Ausübung ihrer Repräsentationsaufgaben so häufig in die Quere kam.

»Die katholische Kirche legt dem kaiserlichen Hause auf, am Charsamstag und Frohnleichnamstage den kirchlichen Prozessionen beizuwohnen. Die Wiener freuten sich jedes Jahr auf diesen prachtvollen Anblick; sie freuten sich, die Kaiserin an der Spitze der Prozession zu sehen, gefolgt von ihren Hofdamen und den Pagen, die ihre Schleppen trugen. Aber einige Tage vor dem Fest wurde man regelmäßig in Kenntnis gesetzt, daß ihre Majestät von einem plötzlichen Unwohlsein ergriffen worden und aufs Land gereist sei, um sich zu erholen.« (C. Tschudi)

Die Wiener fanden das gar nicht sehr nett von ihr.

»Nach und nach begann man sie bei den einzelnen Gelegenheiten, wo sie sich öffentlich zeigte, kühl zu grüßen. Man nannte sie stolz und kalt; und es ist nicht zu leugnen, daß sie die Geduld der Wiener durch die Gleichgiltigkeit, die sie ihnen gegenüber an den Tag legte, wirklich auf die Probe stellte. [...] Vielleicht war sie selbst die erste, die es fühlte, daß sie weder bei dem Mittelstande in Österreich noch bei den höheren Gesellschaftsklassen mehr beliebt sei; und dieser Umstand erhöhte ihre Neigung, sich von der Welt zurückzuziehen, jedenfalls noch mehr.«

Dabei war es im Grunde nichts ungeheuer Schreckliches, was man von ihr erwartete: freundliche Anwesenheit, gnädiges Nicken mit dem schönen Kopf, gütige Miene. Aber dazu hatte die menschenscheue Sisi wenig Lust. Sie hielt sich für eine, wenn auch höchst bedeutende Privatperson. »Was hat man davon, heutzutage Kaiserin zu sein?« fragte sie die Hofdame Wallersee. »Man ist nur eine Anziehpuppe.«

Ganz davon abgesehen, störten Anlässe offizieller Art ihren Tageslauf auf das empfindlichste. Der begann im Winter gegen sechs Uhr, im Sommer schon um fünf mit einem kalten Bad und mit Massage, es folgten Morgengymnastik, karges Frühstück, dann drei Stunden Haarpflege, zwei bis drei Stunden Ankleiden und Schnüren, ein spärliches Mittagsmahl, daraufhin Reit- oder Fechttraining, anschließend Spaziergang, wiederum Frisieren, Umziehen und um 19 Uhr, wenn es sich gar nicht vermeiden ließ, ein eiliges Familiendiner, ein Kurzgespräch mit dem Kaiser (viel hatte man sich eh nicht zu sagen), und der Tag war zu Ende. Wo hätte hier noch ein öffentliches Lächeln Platz gefunden?

Bisweilen mußte sie sich dennoch zeigen; dann verbarg sie sich gern hinter einem Fächer – denn ihre Schönheit war ihr persönliches, ganz privates Eigentum und ging niemanden etwas an –, erweckte »den Eindruck einer gelangweilten Taubstummen« und machte eine finstere Mie-

Die Insel Wight hat Sisi öfters besucht. Dort pflegte die Königin Viktoria in ihrem Osborne House bei Cowes zu übersommern, weil sich's dort so angenehm menschenfern lebte. Heute ermuntert das Verkehrsamt die Fremden: »Enter Queen Victoria's private rooms.« Malerische Gemeinden schmücken die Insel; auf dem Foto: die Winkle Street in Calbourne.

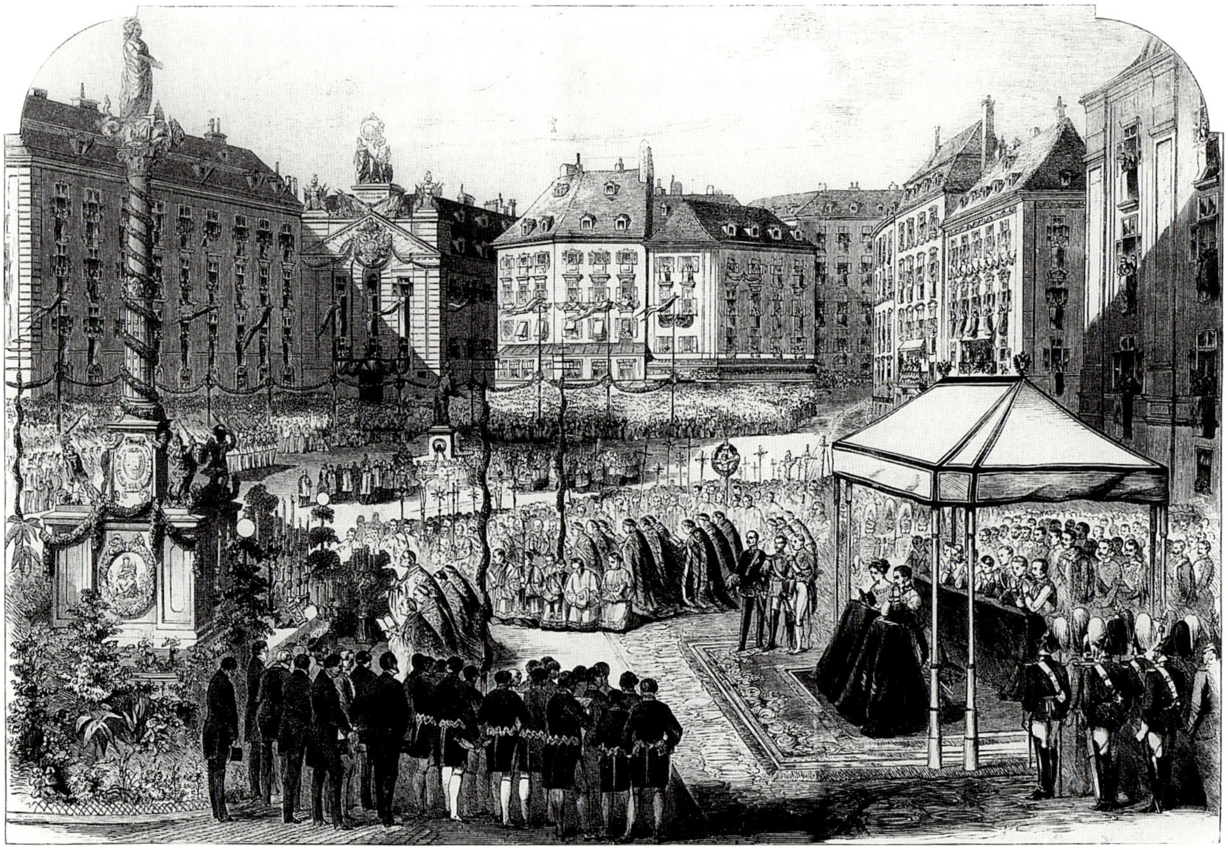

Wenn in Wien Fronleichnamsprozession oder ein ähnlich festliches Ereignis stattfand, war Elisabeth meist unpäßlich oder zufällig grad verreist, so daß sie leider nicht teilnehmen konnte. Hier aber sieht man sie, andächtig betend, neben dem Kaiser beim Marienfest. Das war im Juli 1855, da beherrschte sie das plötzliche Erkranken noch nicht so souverän.

ne, erzählt die Freiin Wallersee, »wie eine indische Witwe, die verbrannt werden soll«. Das Jahr 1873 war ihr auftrittsreichstes.

Da besuchte sie in Wien das Heilige Grab, da beteiligte sie sich zur Verblüffung des frommen Volkes an der Fronleichnamsprozession, erschien auf kurze Zeit zur Weltausstellung und unterbrach im Dezember sogar auf zwei Tage ihren Ungarnaufenthalt, um wenigstens einen Teil der Festivitäten zum 25jährigen Regierungsjubiläum Franz Josephs mitzumachen – allerdings mit einem dichten Gazeschleier vorm Gesicht, damit niemand sie sah.

1887, als sie sich auf der Insel Wight aufhielt, entschloß sie sich, auf Kaisers Bitten, bei der Königin Viktoria vorbeizuschauen. Wie der Besuch verlief, beschrieb sie anschließend in erbosten Versen:

Der Herrsch'rin dieses Inselreiches
Ihr soll heut' gelten mein Besuch,
Als hätten wir an Langweil gleiches
Nicht schon an unserm Hof genug.
Mit Möven segeln um die Wette
Im Sturmgebraus, ist Hochgenuss;
Doch hier die steife Etiquette,
Die macht Titania nur Verdruss.

(Wobei sie als Feenkönigin Titania sich selbst versteht. Franz Joseph tritt in ihren Gedichten als Oberon, der Elfenkönig, auf. Dem feingebildeten Leser und Theaterabonnenten sind die beiden aus Shakespeares »Sommernachtstraum« bekannt.)

Die Phrasen sind's, die altbekannten,
Man findet sie in allen Landen:
»Wie geht's dem teuern Herrn Gemahl?«
»O bestens lässt er sich empfehlen,
(Wollt' er mich doch mit ihr nicht quälen!)
So schrieb er aus dem Alpenthal.«

Dem Volk in Liebe zugetan

Es ist genußreich und erhebend, in den Werken früher Elisabeth-Biographen zu blättern, die ihre vordringliche Aufgabe darin sahen, die über alle Maßen herrliche Vollkommenheit der Kaiserin zu preisen und mit korrigierendem Stift notlügend und beflissen einzugreifen, wenn sich ein störender Mangel zeigte, der das reine Bildnis trüben oder gar beflecken könnte.

Wie es sich für hehre Lichtgestalten aus der Historie geziemt, werden auch der Kaiserin Elisabeth zahllose liebenswerte Taten nachgerühmt, die uns überzeugen: Sie hatte ein weites Herz fürs Volk, besonders für das arme, und zögerte nie, gnädig, hilfreich, leutselig und mit vollen Händen zuzupacken, wenn es die Not erforderte. Ein ganzer Strauß von Sagen und Legenden, die großartige Barmherzigkeits- und Wohltatsakte schildern, rankt sich um die Kaiserin, »die, selbst eine Dulderin, so warm für die Leiden ihrer Mitmenschen empfand« (A. de Burgh), kannte sie doch »keine andere Politik als die, Wohltaten zu üben und ihre Umgebung glücklich zu machen« (L. Smolle).

Schon als Kind verhielt sie sich so: »Da sie nicht viel Taschengeld hatte, um Geschenke dafür zu kaufen, so pflegte sie für ihre Freunde im Gebirge oft abends Strümpfe zu stricken oder das eine oder andere Kleidungsstück zu nähen.« (C. Tschudi)

»Überhaupt wurde die Kaiserin überall, wo sie längere oder kürzere Zeit verweilte, wegen der vielen Wohltaten, die sie den armen Leuten erwies, gepriesen und wie eine Heilige verehrt.« (L. Smolle)

Später dann, auf Korfu, ruderte sie eigenhändig einem Eremiten Körbe voll Lebensmittel auf seine Insel und führte persönliche Aufsicht bei der Restaurierung einer Hütte, damit eine gichtbrüchige alte Frau nicht im Armenhause darben mußte. Oder in Norfolk, da ließ sie der Witwe eines verunglückten Arbeiters »eine Brieftasche mit 400 Pfund Sterling« überreichen.

Und ist es nicht herzerwärmend, wie sie – das berichtet Conte Corti – einmal ein Kind vorm Naßwerden errettete? »Am Nachmittag macht Elisabeth bei strömendem Regen einen Spaziergang mit dem Regenschirm in der Hand. Da sieht sie ein kleines, nur ganz dünn angezogenes Mädchen dahergehen, das vor Kälte fröstelt. Sie legt ihr ein Tuch um die Schultern, gibt ihr ihren Schirm, sagt: ›So, den schenk ich dir‹, und geht dann im Guß nach Hause.«

Der etwas zornige Professor Schilke erhebt – 1993 – barsche soziale Anklage gegen sie: »Die Bekämpfung der Armut in weiten Kreisen der Bevölkerung war für sie ebensowenig ein Thema wie die Gleichberechtigung der Frau, die Förderung sozialer Einrichtungen wie Krankenhäuser, Schulen oder Heime. Die Verbesserung der Einkommens- und Arbeitsbedingungen für viele unter dem Existenzminimum lebende Großfamilien interessierte sie nicht im geringsten. Die Kaiserin sah nicht die Not in zahlreichen Regionen ihres Reiches, wußte nicht mit den schwerwiegenden Problemen des Vielvölkerstaates umzugehen, ignorierte die desolaten wirtschaftlichen Bedingungen der Landbevölkerung, der ausgebeuteten Industriearbeiter in den Städten oder der weit verbreiteten Kinderarbeit.«

Da lesen wir doch schon erheblich lieber das Gegenteil, das uns Clara Tschudi erzählt: »In dem ganzen habsburgischen Reiche – ebensowohl in Österreich wie in Ungarn – findet sich kaum eine einzige

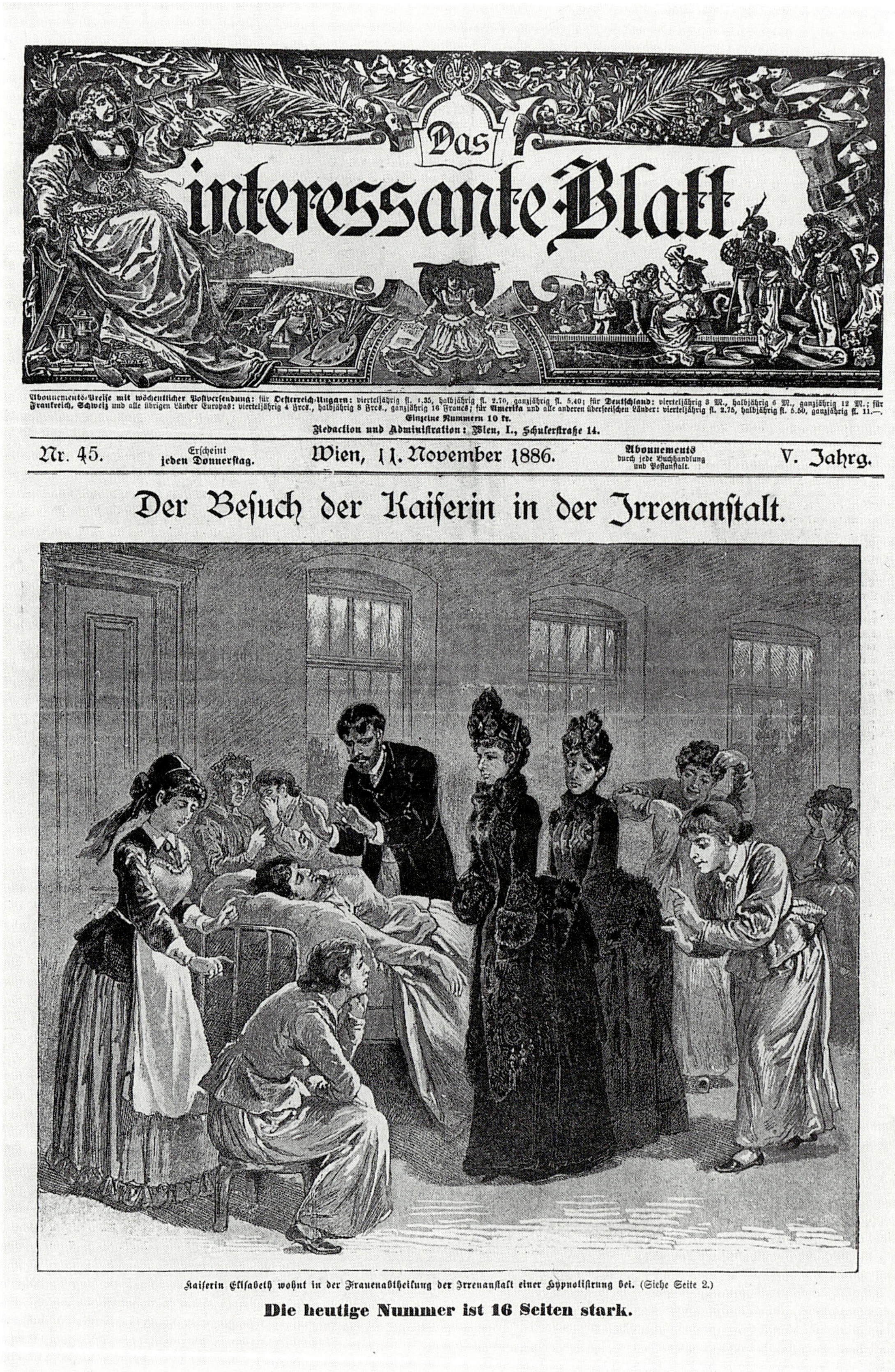

Das interessante Blatt

Abonnements-Preise mit wöchentlicher Postversendung: für Oesterreich-Ungarn: vierteljährig fl. 1.35, halbjährig fl. 2.70, ganzjährig fl. 5.40; für Deutschland: vierteljährig 3 M., halbjährig 6 M., ganzjährig 12 M.; für Frankreich, Schweiz und alle übrigen Länder Europas: vierteljährig 4 Frcs., halbjährig 8 Frcs., ganzjährig 16 Francs; für Amerika und alle anderen überseeischen Länder: vierteljährig fl. 2.75, halbjährig fl. 5.50, ganzjährig fl. 11.—.
Einzelne Nummern 10 kr.
Redaction und Administration: Wien, I., Schulerstraße 14.

Nr. 45. | Erscheint jeden Donnerstag. | Wien, 11. November 1886. | Abonnements durch jede Buchhandlung und Postanstalt. | V. Jahrg.

Der Besuch der Kaiserin in der Irrenanstalt.

Kaiserin Elisabeth wohnt in der Frauenabtheilung der Irrenanstalt einer Hypnotisirung bei. (Siehe Seite 2.)

Die heutige Nummer ist 16 Seiten stark.

Vorhergehende Doppelseite:

Besuche in Spitälern, Lazaretten, Altersheimen unternahm sie zwar nicht gern, aber immer ließen sie sich nicht vermeiden. Hier hat sie eine Volksküche für arme Leute aufgesucht, festgehalten in einem Gemälde von August Mansfeld.

Am liebsten entledigte sie sich ihrer Sozialpflichten in Irrenhäusern, wie hier in der Anstalt auf dem Leopoldsfeld in Budapest. Begleitet von ihrer Hofdame, der Gräfin Festetics, wohnte sie dort einer Hypnosebehandlung bei, und das »Interessante Blatt« berichtete ausführlich darüber.

wohlthätige Anstalt oder Stiftung, die sie nicht beschützt oder unterstützt hätte.«

Daß sie in den Kriegen von 1859 und 1866 die Verwundeten besuchte und ihnen Zigarren schenkte und daß sie mit großem Interesse in Irrenhäusern vorsprach, ist belegt – freilich auch, daß sie später die Freude an Visiten dieser Art leider verlor. Selbst Frau Tschudi ist da mit ihr nicht ganz einverstanden:

»Aber da Elisabeths Vorliebe für ein zurückgezogenes Leben immer ausgeprägter wurde, konnte ihre Vorliebe für Teilnahme an der öffentlichen Wohlthätigkeit begreiflicherweise nicht zunehmen. In späteren Jahren besuchte sie die öffentlichen Stiftungen in Österreich nur unter dem Drucke von seiten des Kaisers; und sie besaß nicht die Geduld, dies regelmäßig zu thun. Sie vollbrachte ihre mehr offiziellen Thaten der Barmherzigkeit mit einer eigentümlichen Maske von Kälte und Eile, gleich als ob es ihr an Zeit fehle. Wenn sie hin und wieder in den philanthropischen Etablissements in Wien auftauchte, kam sie wie ein Sturmwind gefahren, ohne daß man sie erwartet hatte. Es geschah, daß sie an einem einzigen Tage acht bis zehn solcher Besuche an den vier Ecken der Hauptstadt abstattete, gleich als ob sie einholen wollte, was sie während der Zeit ihrer Abwesenheit versäumt hatte, gleich als ob sie ihre Barmherzigkeitspflichten mit einem Schlage los zu sein wünschte.«

Allerdings, lesen wir erleichtert weiter, trog dieser Schein: »Und doch war sie gut: sie unterstützte bis zu ihrem Tode unzählige Unglückliche und Notleidende. Auch in Wien suchte sie unerkannt die Höhlen des Elends auf, wenn allerdings auch nicht so häufig wie in Budapest. Aber die Wiener wußten im allgemeinen nichts von den Liebeswerken, die sie im Verborgenen übte; es fiel ihnen niemals ein, daß die gutherzige Dame, die ihre Notleidenden mit Wohlthaten überhäufte, die stolze Kaiserin sei, die von Hoch und Niedrig als herzlos und der Not anderer gegenüber als gleichgiltig verschrieen wurde.«

Kinder sind der Fluch der Frau

Und wie verhielt sie sich zu ihren Kindern? War sie ihnen, wie man's von einer so gütigen Persönlichkeit erwarten darf, eine liebevolle, zärtlich treusorgende Mutter?

Fragen wir wieder bei ihrem Biographen de Burgh nach. Der ist gerührt von Sisis wunderbarer Mütterlichkeit:

»Wahrhaft hingebend war Ihre Majestät die Kaiserin in der Erfüllung ihrer

Vier Kinder hatte Elisabeth: Sophie, die früh verstarb, Gisela und Rudolf, die sie nicht leiden konnte, und Valerie (im Foto), die 1868 zur Welt kam und die sie geradezu hysterisch liebte. 1874, mit 37 Jahren, wurde sie zum erstenmal Großmutter, im Jahr 1895, mit 58, Urgroßmutter.

Sisi 1862 mit Hund, Kindern und ihrem Mann, den man hier, ohne Uniform, fast nicht erkennt. Sisi fand, in Zivil sehe er aus »wie ein Schuhmacher im Sonntagsstaat«.

Die kaiserlich-königliche Familie in Gödöllö. Von links: Kronprinz Rudolf, der Kaiser und Sisi mit Gisela und Liebling Valerie. Die Lithographie aus dem Jahr 1871 stammt von Vinzenz Katzler.

Mutterpflichten. Da der Himmel das kaiserliche Paar schon in den ersten Jahren seiner Ehe durch die Geburt eines Sohnes und zweier Töchter segnete, gestaltete sich das Familienleben desselben zu einem überaus glücklichen. Viele Jahre hindurch verbrachte die Kaiserin ihre freie Zeit entweder in der Kinderstube bei ihren geliebten Kleinen, oder an Orten, wo Armut und Elend gelindert werden konnten. Ihre glücklichsten Tage waren diejenigen, die sie mit ihren Kindern in einem Bergschlosse oder in einer Waldvilla verbrachte.«

Diese Version ließ sich indes nicht lang aufrechterhalten, jeder Untertan wußte um die höchst seltene Präsenz Elisabeths im Kinderzimmer, und so sieht sich schon der Schulrat Smolle (1904) zu verlegenen Ausreden genötigt: »Die Kaiserin schmerzte es aufrichtig, daß die Pflichten, die ihre fürstliche Stellung ihr auferlegte,

Mayerling. Rudolfs Jagdschloß, das vordem hier stand, wurde nach dem Tod des Kronprinzen auf Befehl des Kaisers abgerissen und durch ein Karmeliterinnenkloster ersetzt, das zu einer vielbesuchten Gedenkstätte wurde.

ihr nicht erlaubten, sich so ganz, wie sie gern wollte, der Erziehung ihres anmutig heranblühenden Töchterleins zu widmen.«

Aber auch so war's nicht. Sisi kümmerte sich wenig um Sophie, Gisela und Rudolf. Später klagt sie oft und ausführlich darüber, daß man ihr ihre Kinder vorsätzlich entfremdet habe. Kaum waren sie geboren, nahm die rohe Schwiegermutter sie in ihre Obhut. Die »k. k. Kinderkammer« wurde in Sophies Wohnung eingerichtet, die Erzherzogin nahm ihre Erziehung in die Hand, wählte die Ammen, Kinderfrauen und das sonstige Personal aus, Sisi wurde nie gefragt und hatte nichts zu sagen. »Es war mir nur dann erlaubt, die Kinder zu sehen, wenn Erzherzogin Sophie die Erlaubnis dazu gab«, erzählt sie der Gräfin Festetics. »Endlich gab ich den Kampf auf und ging nur noch selten hinauf.«

Man darf unterstellen, daß die Kinder bei ihrer Großmutter durchaus besser aufgehoben waren, als sie das bei ihrer nervösen, launischen, reizbaren Mutter gewesen wären, die nur wenig mit ihnen anzufangen wußte und nach den Geburten vorwiegend damit beschäftigt war, durch Hungerkuren ihre schlanke Taille zurückzugewinnen.

Sisi hatte, wird berichtet, zu ihren Hunden und Rössern ein weitaus herzlicheres Verhältnis als zu den Kindern, schätzte weder Gisela noch Rudolf sonderlich und wandelte ihren Sinn nicht einmal, als sie schon Großmutter – und, seit 1895, Urgroßmutter – war. Über Giselas zweites

In seinem Jagdschloß Mayerling erschoß der Kronprinz Rudolf am 30. Januar 1889 erst seine siebzehnjährige Freundin Mary Vetsera und dann sich selbst. Die Gründe – Krankheit(?), politische Schwierigkeiten(?) – sind heute noch nicht eindeutig geklärt.

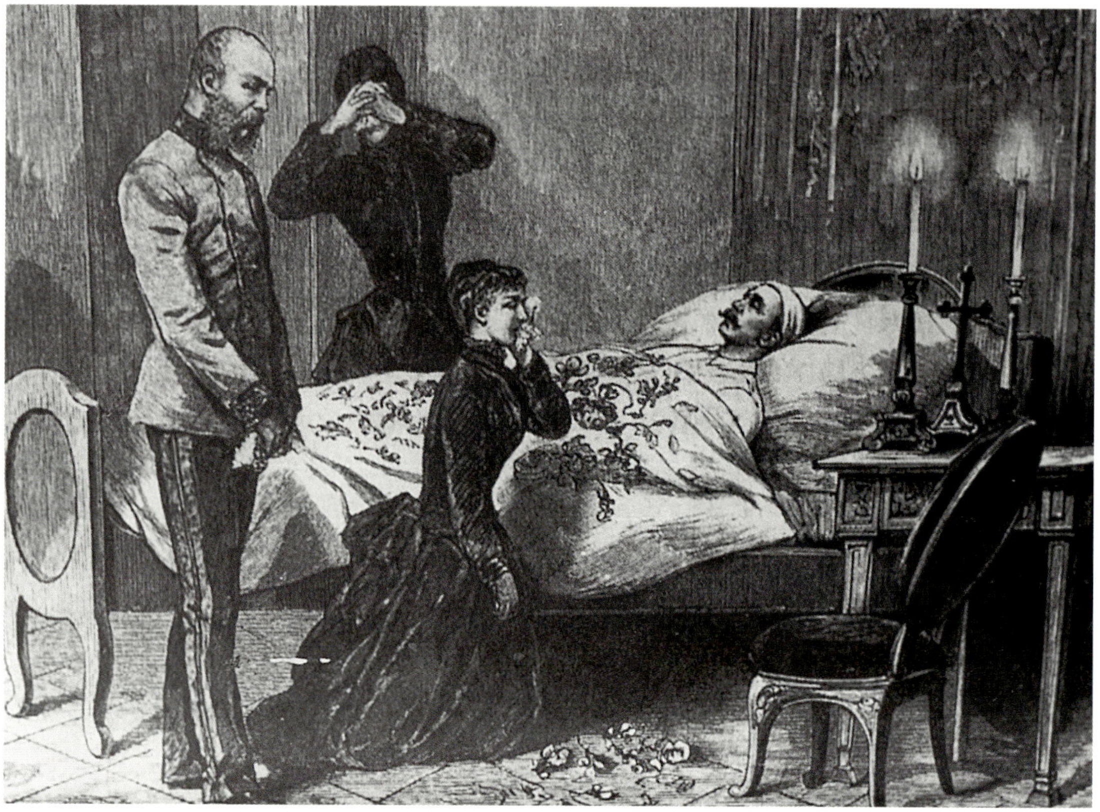

Franz Joseph, Elisabeth und Rudolfs Witwe Stephanie am Totenbett des Kronprinzen in der Wiener Hofburg. Die Kaiserin, die sich um ihren Sohn, als er noch lebte, wenig gekümmert hatte, versank nach seinem Tod in tiefe Trauer und trug fortan zeitlebens nur mehr tiefschwarze Gewänder.

Kind schrieb sie: »Das Kind von Gisela ist von seltener Häßlichkeit, aber sehr lebhaft, es schaut Gisela ganz gleich.« – Die Hofdame Wallersee zitiert ein Sisiwort zum Thema: »Kinder sind der Fluch der Frau, denn sie vernichten ihre Schönheit.« Was auf Sisi gar nicht zutraf, ihre Schönheit soll durch die Schwangerschaften sogar zugenommen haben.

Als sie schließlich durchsetzte – mehr aus Trotz als aus Neigung –, daß das Kinderzimmer in ihre eigenen Appartements verlegt wurde, machte sie von den neugewonnen mütterlichen Rechten nur wenig Gebrauch.

Ihre größte Muttertat vollbrachte sie im August 1865, als sie von der überharten Kadettenerziehung erfuhr, welcher der Kronprinz unterzogen wurde. Da zeigte sie sich energisch und setzte die Entlassung des Prinzenerziehers durch.

Innige mütterliche Liebe erfaßte sie erst nach der Geburt ihres vierten Kindes, der (1868) nachgeborenen Tochter Marie Valerie. Sie war das einzige von ihren Kindern, das sie wirklich liebte und das nun alle die Zärtlichkeit erdulden mußte, die sie ihren anderen Kindern schuldig geblieben war und mit der sie nicht nur ihrer Umgebung, sondern auch der Tochter auf die Nerven ging. »Mamas große Liebe«, äußerte Valerie später, »lastet auf mir wie eine unabtragbare Schuld.«

Ihr Sohn Rudolf bewunderte sie, sie ihrerseits hielt nicht viel von ihm. Erst das Unglück von Mayerling, als Rudolf seine Freundin Mary Vetsera und dann sich selbst erschoß, weckte in ihr Gefühle auch für ihn, übermächtige postume Liebesemotionen, aus denen sie sich nicht mehr zu befreien vermochte. Noch mehr als bisher zog sie sich in sich zurück und ließ sich, um ihre Trauer zu dokumentieren, fortan nur mehr in finsteren, schwarzen Kleidern sehen.

25 Jahre sind genug

Im April 1879 feierten – oder sagen wir: begingen – Franz Joseph und Elisabeth ihre Silberhochzeit. Ein prunkvoller Festzug bewegte sich durch Wien. Hier auf dem Festplatz vor dem Äußeren Burgtor stand ein Prachtzelt, an das sich zwei verglaste Pavillons anschlossen.

Am 23. April 1879 war kaiserliche Silberhochzeit. Das Volk strömte nach Wien, säumte die Straßen, sang lauthals die Kaiserhymne, und sogar Sisi, inzwischen zur »schönsten Großmutter« geworden, erschien.

Am Vorabend stellten die zahlreichen Erzherzöge und Erzherzoginnen lebende Bilder aus der Geschichte von Rudolf I. bis Maria Theresia dar, am Tag darauf wurde gehuldigt, die Votivkirche eingeweiht, vom Männergesangverein eine Haydn-Messe aufgeführt, dann regnete es leider, und so dauerte es bis zum 27., bis endlich die Hauptattraktion geboten werden konnte: der große, wunderbare »historisch-illustrirte Festzug«, den die Wiener Bürgerschaft für das Silberkaiserpaar veranstaltete.

14000 Männer und Frauen wirkten mit; fein historisch kostümiert, stellten sie Handwerk, Industrie, Handel, Gewerbe, Eisenbahn, schöne Künste und Folklore

Das Silberhochzeitspaar. Besonders froh sieht Sisi nicht aus. Sie empfand ihre 25 Ehejahre auch nicht als großes Glück – ganz davon abgesehen, daß das Bild vermutlich eh eine Montage ist: Sisi, vom Retuscheur künstlich gealtert, wurde durch geschickte Malkunst in den Arm des Kaisers eingehängt.

Dem »Programm für den Huldigungs-Festzug in Wien zur Feier der silbernen Hochzeit Ihrer Majestäten des Kaisers und der Kaiserin«, herausgegeben von der »Festkommission des Gemeinderathes«, konnte man entnehmen, in welcher Reihenfolge die Prachtwagen der zahlreichen Vereine und gewerblichen Genossenschaften dem Jubelpaar ihre Reverenz erwiesen.

dar. 230000 schauten zu, zwei Stunden lang rollte der Zug am Kaiser und an seiner Frau vorbei. »Fast während dieser ganzen Zeit blieb der Kaiser aufrecht stehen, mit gespanntestem Interesse das farbenprächtige, jeder Beschreibung spottende Bild an seinen Blicken vorüberziehen lassend.« (L. Smolle)

Auf Reitergruppen folgten Trompeten- und Fanfarenbläser, dann, von den »Anstreichern und Lackirern« über »Branntwein-, Risoglio- und Liqueur-Erzeuger«, »Lust- und Ziergärtner«, »Schön- und Schwarzfärber« bis zu den Zuckerbäckern, »die Zünfte auf prächtigen Wagen, die Reckengestalten in Samt und Seide gekleidet«, und schließlich die Abteilung bildende Künste, »die blendendste von allen, mit unendlichem Jubel begrüßt«, und ihr voran der Maler Hans Makart. Er, »dessen Pinsel so gern in glühenden Farben schwelgte, hatte die Entwürfe zu den einzelnen Gruppen ausgearbeitet. Ein Stück des farbenfrohen Mittelalters wurde in die nüchterne Gegenwart versetzt.«

Das Volk dankte es ihm mit Begeisterung. »Das vom schwarzen Barte umrahmte Gesicht des Malers war bleich vor Aufregung, aber aus den genialen Augen des Künstlers, der seine Phantasie herrlich ins Leben treten gesehen, blitzte ein Strahl der Freude. Wo der dunkle Reiter auf dem weißen Zelter erscheint, zeigt ihn Einer dem Andern, und ›Makart hoch! hoch!‹ schallt es durch die Reihen.« So stand's in der Zeitung, in der »Neuen Freien Presse«.

Die Wiener jubilierten, klatschten und brüllten: »Heil Franz Joseph! Heil Elisen!« Der Kaiser war »innig gerührt«, Sisi nicht weniger »innig bewegt«.

Ihrer Nichte Maria Wallersee hat sie allerdings gestanden, 25 Ehejahre seien schon genug, und deshalb auch noch Feste zu veranstalten, wäre überflüssig. – Ein ausgesprochen triftiger Grund zum Jubel war die silberne Hochzeit ja in der Tat nicht, und hätten sich die Wiener nicht so sehr gefreut, hätte man auf das Fest durchaus verzichten können.

Was von der Ehe als solcher zu halten sei, erklärte Sisi – 1889 – ihrer frischverlobten Tochter Valerie: Sie sei »eine widersinnige Einrichtung. Als fünfzehnjähriges Kind wird man verkauft und tut einen Schwur, den man nicht versteht und dann 30 Jahre oder länger bereut und nicht mehr lösen kann.« Was wäre da besonders feiernswert?

Im August 1865 gab sie's anläßlich eines Streits dem Kaiser schriftlich:

»Ich wünsche, daß mir vorbehalten bleibe unumschränkte Vollmacht in Allem, was die Kinder betrifft, die Wahl ihrer Umgebung, den Ort ihres Aufenthaltes, die complette Leitung ihrer Erziehung, mit einem Wort, alles bleibt mir ganz allein zu bestimmen, bis zum Moment der Volljährigkeit. Ferner wünsche ich, daß, was immer meine persönlichen Angelegenheiten betrifft, wie unter anderem die Wahl meiner Umgebung, den Ort meines Aufenthaltes, alle Anordnungen im Haus p. p. mir allein zu bestimmen vorbehalten bleibt. Elisabeth.«

Mit diesem Ultimatum hatte sie ihre Position definiert, ihre Unabhängigkeit erklärt.

Die Liebe, die sie einstmals zu Franz Joseph empfunden hatte, war gestorben, irgendwie. Sisi besang diese Tatsache in höchst dichterischer Weise:

Wo ist der Schlüssel hingekommen?
Ich sucht' ihn ewig nicht hervor,
Den du zu meinem Herz genommen,
Der ging dir längst schon in Verlor!

Und wunderte sich sehr, wenn der Kaiser trotzdem bei ihr anklopfte:

Unsrer Liebe starre Leiche
Kamst du wieder zu beschau'n;
Und doch muss die kalte, bleiche
Tote dich im Innern grau'n.

Schon seit langem brachte sie ihrem Mann nur noch freundliche Gleichgültigkeit und gelangweilte Sympathie entgegen. Oft nicht einmal das.

»Dem Kaiser gegenüber zeigte sich die Kaiserin nicht allzu liebenswürdig, ja es hatte den Anschein, als ob sie es darauf abgesehen hätte, ihn auf jede Art und Weise zu kränken. Franz Joseph aber war ihr gegenüber immer von vollendetster Ritterlichkeit. Weilte sie in Wien, so schickte er alle paar Stunden einen Jäger mit irgendeiner Botschaft zu ihr, um sich nach ihrem Befinden zu erkundigen«, erinnert sich sein getreuer Leibkammerdiener Ketterl.

Die »süße Sisi« gab's nicht mehr. »In Gödöllö bekam der Kaiser seine Gattin, selbst wenn sie unter einem Dache wohnten, nur selten zu Gesicht. Wollte Franz Joseph sie morgens besuchen und ging er ohne Anmeldung zu ihr hinüber, erklärten die diensthabenden Geister Ihrer Majestät, die Kaiserin schlafe noch! Manchmal war die hohe Frau auch schon in den Bergen, von wo sie erst abends mit ihrer unglücklichen Hofdame zurückkehrte und jetzt, todmüde, den Kaiser erst recht nicht empfing. So kam es vor, daß der Kaiser oft zehn Tage lang umsonst zu ihr hinüberging. Wie peinlich das vor dem Personal war, kann sich jeder denken; mir tat der hohe Herr oft in der Seele leid.«

Lass' mich allein, lass' mich allein,
Für mich ist's jetzt das Beste;
Das Ganze kann's doch nie mehr sein;
Zu wenig sind mir Reste –

rief sie dem Kaiser zu, und der erwiderte ihre Abweisung mit demütiger Verehrung und flehentlicher Unterwürfigkeit, die geradezu masochistische Züge trug. »Denke manchmal«, schrieb er seiner »Engels-Sisi«, »an Deinen Dich unendlich liebenden, traurigen und einsamen Kleinen.«

Sisi fand diese Haltung durchaus angemessen und quittierte sie mit einem passenden Vers:

Schliesslich warst du das treue Tier
Und liebst mich noch zur Stunde.

Die Hermesvilla – so genannt nach der Hermesstatue, die davorsteht – im Lainzer Tiergarten baute der Kaiser Mitte der achtziger Jahre als Sommerresidenz für Sisi, in der Hoffnung: Vielleicht bleibt sie dann doch einige Zeit in Wien. Die Hoffnung trog ihn, länger als ein paar Tage im Jahr hielt sie es hier nicht aus. Heute dient die Villa als Ausstellungsgebäude.

Elisabeths Prunkschlafzimmer in der Hermesvilla wurde von Makart entworfen. Die Wandmalereien zeigen Szenen aus Shakespeares »Sommernachtstraum«. Aber das nützte alles nichts, die Kaiserin reiste trotzdem lieber durch die Welt.

Auf der Insel Korfu ließ sich Elisabeth das Achilleion bauen. Aber als es 1891 fertig war, hatte sie das Interesse daran bereits verloren. 1898 erbte es Gisela, 1907 erwarb es Kaiser Wilhelm II. Später übernahm es der griechische Staat und richtete, nebst zwei Gedenkräumen für die Majestäten, ein Spielcasino darin ein (das inzwischen ins Korfu-Hilton umgezogen ist).

Seniorenreisen

Hatte Elisabeth ihre Abwesenheiten vom Hofe und von Wien früher meist mit mehr oder minder sonderbaren Krankheiten begründet, so ist es nunmehr die tiefe, immerwährende Trauer um den ungeliebten Sohn, die sie als schwarze Mumie durch die Welt treibt.

Der Kaiser zählt nicht mehr, der Poesie versagt sie sich, von ihrer Schönheit ist nicht mehr viel übrig, ihr Gesicht hat Falten, die Füße sind geschwollen, Ischias plagt sie. 1890 stirbt Graf Andrássy, stirbt ihre Schwester Helene, heiratet die Lieblingstochter Marie Valerie – was bleibt ihr, der gelangweilten, unbeschäftigten Mittfünfzigerin?

Sie reist, noch exzessiver als zuvor, sie

Achill war Sisis Lieblingsheld, weil er »alle Könige und Traditionen verachtet und die Menschenmassen für nichtig gehalten« und »nur seinen Träumen gelebt« hat. Nach ihm wurde ihr griechisches Schloß benannt. Im Foto die Statue des »Sterbenden Achill« von dem Berliner Bildhauer Ernst Herter.

Der Salonwagen im Sonderzug der Kaiserin. In ihm ließ sich's komfortabel durch Europa reisen. Der Wagen, gebaut 1873, steht heute im Technischen Museum Wien.

hastet durch Europa, ziel- und ruhelos, nach Gödöllö und an die Côte d'Azur, nach Neapel und Sorrent, nach Korfu, Holland, Irland, England, in die Schweiz, nach Paris, nach Biarritz, Kissingen, Dresden, Algier, Spanien, Portugal. »Durch die ganze Welt will ich ziehen«, erklärt sie, »Ahasver soll ein Stubenhocker gegen mich sein. Ich will zu Schiff die Meere durchkreuzen, ein weiblicher Fliegender Holländer.«

Versuche, sie seßhaft zu machen, scheitern. Die millionenteure Hermesvilla im Lainzer Tiergarten, die ihr der Kaiser in den Jahren 1882 bis 1886 gebaut hatte, bewohnte sie nur wenige Wochen im Jahr. Das Achilleion, auf Korfu, für das sie sich so sehr begeistert hatte, freute sie bereits, als es kaum fertig war, nicht mehr; schon 1893 suchte sie nach einem reichen Amerikaner, der es ihr abkaufen sollte.

Wo sie auch hinkam, nirgends hielt sie's aus:

Eine Möve bin ich von keinem Land
Meine Heimat nenne ich keinen Strand,
Mich bindet nicht Ort und nicht Stelle;
Ich fliege von Welle zu Welle.

Sie reiste nicht, weil sie unbedingt in Aix-les-Bains, Caux, Lissabon, Barcelona, Korsika, am Comer See, in Mailand oder Genua sein wollte, ganz im Gegenteil, erklärte sie ihrem Griechen Christomanos: »Die Reiseziele sind nur deswegen begehrenswert, weil die Reise dazwischenliegt.«

Sisis Reisen, auf kaiserlichen Yachten und im fein komfortablen Eisenbahnsalonwagen, mit Hofstaat, Milchkühen und Ziegen, ihre und ihres Trosses Aufenthalte in Schlössern und würdigen Grandhotels kosteten nicht wenig. Aber das mach-

Schloß Miramare an der Adria nördlich von Triest bei Grignano. Erbaut wurde es von Franz Josephs jüngerem Bruder Ferdinand Maximilian, der 1864 Kaiser von Mexiko und 1867 erschossen wurde. Von ihm erbte es der Kaiser. Sisi wohnte hier des öfteren.

1894 – Elisabeth war nun 57 Jahre – entstand dieses merkwürdige Foto, das die Kaiserin und, zur Linken, ihre Hofdame und Vorleserin Ida von Ferenczy zeigt.

te nichts, Geld hatte die Kaiserin genug. Anfangs bezog sie 100000 Gulden Jahresapanage, seit 1875, als Exkaiser Ferdinand gestorben war und sein riesiges Vermögen an Franz Joseph vererbt hatte, standen ihr pro Jahr 300000 zur Verfügung. Und größere Ausgaben bestritt ohnedies der Kaiser.

Die Presse beobachtete ihre Aktivitäten mit Anteilnahme, und in Zeitungen,

8. Juni 1896: Franz Joseph und Elisabeth in Budapest bei der Milleniumsfeier der ungarischen Landnahme. Teilnahmslos sitzt Elisabeth da, als »schwarzer Tintenfleck«.

die außerhalb Österreichs erschienen, wurde gelegentlich die Frage erörtert, ob die Kaiserin nicht etwa an einer Geistesstörung leide, ein Verdacht, der so völlig absurd ja gar nicht war und dessen sich nicht jeder erwehren konnte, der hörte, wie Elisabeth sich im Gedenken an Odysseus bei schweren Stürmen auf Deck ihres Schiffs anbinden ließ; wenn sie sich angewöhnte, auf ihren Spazierläufen, ohne ein Wort zu verlieren, in fremde Häuser einzudringen, die ihr gefielen (und aus denen sie dann gelegentlich hinausgeworfen wurde); wenn sie wichtige Majestäten, die ihr ihre Aufwartung machen wollten, mit der Nachricht abwies, just am vorgesehenen Tage sei sie wahrscheinlich nicht daheim, dafür aber ihrerseits die höchsten Fürstenhäuser ungebeten und unangemeldet heimsuchte.

Oder wenn sie 1896 zur Tausendjahrfeier der ungarischen Landnahme wie versteinert neben dem Kaiser im Thronsaal saß. »Ihre langen Augenwimpern sind gesenkt, von ihren lebhaften, lieben Augen ist nichts zu sehen; sie sitzt dort still, fast gefühllos, als ob sie niemanden sehen, nichts hören würde. Ihre Seele, ach ihre Seele könnte anderswo weilen. Keine Bewegung, kein Blick deutet ihr Interesse an. Mit ihrem traurigen, blassen Gesicht ist sie einer weißen Statue ähnlich. Sie trägt ihre große Trauer überall mit sich.« (Kálmán Mikszáth)

Der deutsche Botschafter Graf Eulenburg, der die Szene ebenfalls miterlebte, wurde von ihr weniger ergriffen und faßte seinen Eindruck kürzer: Die düstere, schwarze Königin wirkte auf ihn wie »ein Tintenfleck auf einem sehr schönen, farbigen Gemälde«.

Dicker Engel

Eine wichtige Frage, die die Bewunderer fürstlicher Umtriebe stets sehr bewegt, ist die: Wer hat wen und, wenn ja, mit wem betrogen?

Hierzu ist zu sagen: Sisi-Vater Maximilian seine Frau Ludovika gewohnheitsmäßig immerzu. Kronprinz Rudolf Frau Stephanie desgleichen. Sisis Schwester Mathilde hatte eine Affäre mit einem spanischen Granden, Schwester Marie ein Kind von einem – ausgerechnet auch noch päpstlichen – Gardeoffizier. Sisi-Schwester Sophie als König-Ludwigs-Braut ein Verhältnis mit einem Fotografen und als Ehefrau ein zweites mit dem Herrn Doktor Glaser aus München, das Sisi zu anklagenden Versen inspirierte:

Deinem guten Herrn Gemahl
Hast die Treue du gekündigt,
Stiessest ihm ins Herz den Stahl;
Ja, du hast dich schwer versündigt.

Hinsichtlich der Kaiserin kommt die Intimforschung zum Schluß, ihr sei nichts Sittenloses vorzuwerfen; zeitgenössisches Gerede, sie habe was gehabt mit ihren Reiterfreunden Nikolaus Esterházy und Bay Middleton, mit König Ludwig, dem Stallmeister Imre Hunyády auf Madeira oder ihrem Vorleser Constantin Christomanos auf Korfu, oder der ungarische Graf Andrássy sei gar der Vater ihrer Tochter Marie Valerie, wird als üble Nachrede zurückgewiesen und Sisi weit mehr der Frigidität als unziemlicher Leidenschaft verdächtigt, wozu, unter anderm, ein Gedicht von ihr ermuntert:

Für mich keine Liebe,
Für mich keinen Wein;
Die eine macht übel,
Der andere macht spei'n.

Mit Anna Nahowski (der späteren Schwiegermutter Alban Bergs) hatte Franz Joseph ein langdauerndes Verhältnis. Eines Morgens im Sommer 1875 begegnete er ihr im Park von Schönbrunn und sprach sie gewandt an: »Sie gehen aber fleißig spazieren.«

Anders liegen die Dinge bei Franz Joseph, der seiner Sisi zwar mit Herzinnigkeit anhing, aber nie ein extrem treuer Ehegatte war. Seine Biographen registrieren mehrere Liebschaften in den Jahren 1859/60; dann gab es da die Eisenbahnersgattin Anna Nahowski (geboren

Katharina Schratt (1853–1940) war eine geschätzte Burgschauspielerin. Hier sieht man sie als »Nandl« in Alexander Baumanns »Versprechen hinterm Herd«. Sisi hat sie ihrem vereinsamten Mann als Freundin vermittelt.

1859), mit der er zwischen 1875 und 1889 ein langwieriges Verhältnis und vermutlich mehrere Kinder hatte. Der Kaiser war stets nobel zu seinen Damen, und so brachte es die Familie Nahowski auf diesem Wege zu einer schönen Parkvilla in Hietzing und zu beträchtlichem Wohlstand; im März 1889 bekam Anna, nachdem sie eine Erklärung unterschrieben hatte: »Ferner schwöre ich, daß ich über die Begegnung mit Seiner Majestät jederzeit schweigen werde«, ein »Geschenk« von 200 000 Gulden ausbezahlt.

Das Ende der Beziehung mit Anna Nahowski überlappte sich ein bißchen mit dem Beginn der Ära Katharina Schratt. So hatte Anna noch Gelegenheit, sich bei ihrem hohen Liebhaber über die neue Liaison zu beschweren:

»Man spricht überall davon. Im Gasthaus beim Lothringer erzählten es die Schauspieler vom Burgtheater ungeniert. Beim Greißler, Fleischhauer, in jeden Gesellschaftswagen, hört man ähnliche Dinge [...].«

Worauf der Kaiser log: »Glauben Sie nicht das dumme Geschwätz, Frau Schratt ist eine sehr anständige Frau, u. ich versichere sie es ist Nichts, wie Freundschaft.« (F. Saathen)

Katharina Schratt (geboren 1853 in Baden bei Wien), eine populäre komisch-naive Burgschauspielerin, war die berühmteste und unaufhörlichste der kaiserlichen Freundinnen. Zeitzeugen beschreiben sie als »harmlose treue Seele« und »so gemütlich« (Kaisertochter Valerie), als »entzückende, liebe Frau« (Leibkammerdiener Eugen Ketterl), »reizende, einfache Frau« (Maria Wallersee) und auch als »schön und blöd« (Graf Hübner, der österreichische Botschafter in Paris).

Katharina Schratt war 33, der Kaiser fast 56 Jahre alt, als sich die beiden kennenlernten, freundlich verkuppelt von der fürsorglichen Kaiserin.

Von Maria von Wallersee, der Hofdame und Nichte Sisis, erfahren wir darüber: »Als im Jahre 1885 das Reisefieber Elisabeth ergriff, machte ihr gütiges Herz ihr bittere Vorwürfe bei dem Gedanken, daß der Kaiser in ihrer Abwesenheit vielleicht einsam sein könnte. ›Weißt du nicht eine vertrauenswürdige Frau, die dem Kaiser Gesellschaft leisten könnte und nicht versuchen würde, ihn zu beeinflussen?‹ fragte sie mich eines Tages. Ich nannte mehrere Damen, die sicherlich nur allzu froh gewesen wären, den kaiserlichen Strohwitwer zu trösten. Doch Tante Sissi lehnte alle ab, und die Angelegenheit wurde nicht weiter berührt, bis sie mir eines Tages plötzlich mitteilte, daß sie die Gesuch-

Sogar zur Ehre einer nach ihr benannten – wenn auch kleinen – Straße hat es die Kaiserfreundin gebracht. Die Katharina-Schratt-Straße befindet sich am Rande von Bad Ischl, an der Bundesstraße nach Salzburg, in der Nachbarschaft der »Schratt-Villa«, die heute ein gepflegtes Speiserestaurant enthält.

te in der Schauspielerin Katrina Schratt gefunden habe.«

Flugs arrangierte sie ein zufälliges Treffen; die Freundschaft begann, nahm ihren Lauf und währte dreißig Jahre bis zum Tod Franz Josephs (1916). Der Kaiser schmückte Katharina Schratt mit Juwelen, bezahlte ihre Garderobe, ihre Möbel, Spielschulden und Liegenschaften, setzte ihr, aus seinem Privat- und Familienfonds, 30000 Gulden Jahresapanage aus (ein Universitätsprofessor verdiente damals ungefähr 3000), schickte ihren Mann als Vizekonsul nach Tunesien, schrieb ihr als »sich nach Ihnen sehnender, Sie innigst liebender Franz Joseph« an die tausend Briefe, frühstückte, dinierte, plauderte, spazierte mit ihr. Was außerdem geschah, darüber rätselt die Welt noch heute. Küsse sind kaiserbrieflich erwiesen, wenn auch stets diskret durch »- – – – -« angedeutet. Aber war da nicht vielleicht doch noch mehr? Hat er mit ihr, oder hat er nicht?

Der Kaiserin war's recht, wie's war. Sie wußte ihren Franz Joseph versorgt, sie übte die Patronage über das Verhältnis aus. »Deine Güte und Fürsorge und die Freundschaft der Freundin sind die einzigen Lichtpunkte in meinem traurigen Leben«, schrieb ihr ihr dankbarer Ehemann.

Sisi legte ostentative Zuneigung zu Frau Schratt an den Tag, schickte ihr Geschenke, lud sie ein, zeigte sich, um unpassenden Verdächtigungen vorzubeugen, dem Hof und der Öffentlichkeit selbdritt mit Mann und Freundin. Kaisertreu notierte denn auch der Kammerdiener Ketterl in seinen Memoiren: »Es ist bekannt, daß Kaiserin Elisabeth und Frau v. Schratt in herzlicher Zuneigung aneinander hingen und daß Frau v. Schratt auch bei jenen Gelegenheiten, da Franz Joseph mit Elisabeth auf Reisen war, die Gesellschaft des Kaiserpaares bildete. Die beiden Damen unterhielten sich prächtig miteinander, küßten sich wiederholt [...].«

Und auch Katharina Schratt hielt sich zeitlebens für die »Freundin der Kaiserin«. Weder sie noch Eugen Ketterl kannten ja die Gedichte, die Elisabeth verfertigte:

Dein dicker Engel kommt ja schon
In Sommer mit den Rosen.
Gedulde Dich, mein Oberon!
Und mach nicht solche Chosen!

Im Häuschen der Geranien,
Wo alles fein und glatt,
Dünkt sie sich gleich Titanien,
Die arme, dicke Schratt.

Als Heine-Imitatorin verspottete sie den Kaiser und die Freundin:

Der König Wiswamitra
Kehrt heim von seiner Kuh,
O König Wiswamitra,
O welch' ein Ochs bist du.

Was zeigt, daß Elisabeth das Idyll der beiden halt doch nicht ganz ohne Vorbehalte sah. Und was uns zwanglos zum Kapitel »Sisi als Poetin« führt.

Katharina Schratt, verehelichte Frau von Kiss, war 23 Jahre jünger als der Kaiser. Bei ihr fand er Wärme und Behaglichkeit. Die Öffentlichkeit glaubte nicht recht an den platonischen Charakter des Verhältnisses. Als – 1909 – auch der Schratt-Ehemann Kiss gestorben war, munkelte man sogar von einer heimlichen Eheschließung des Kaisers mit der Schratt (hier ein Gemälde von Franz Matsch).

Zu schreiben nur bleibt mir

Als fünfzehnjährige liebesbekümmerte Prinzessin und als enttäuschte junge Kaiserin beklagte und besang Sisi ihr Leid in gefühlvollen Versen (siehe S. 40). In den folgenden dreißig Jahren entsagte sie der Dichtkunst, im Januar 1885 aber, als sie vom Reiten abgekommen war und eine neue Beschäftigung benötigte, kehrte sie, vom Himmel angestiftet, wieder zur Poesie zurück:

Das Pferd, dies irdisch Kleinod meiner Seele,
Durch höhre Mächte ward es mir vertauscht;
Es trat das Flügelross an seine Stelle,
Und meine Seele flog nun wie berauscht.

Vier Jahre dauerte der Seelenrausch; bis zum Winter 1888/89 dichtete sie ein ganzes Buch voll:

Wird mir die Welt zu bitter,
Die Menschen zu fatal,
So schwing' ich mich aufs Flügelross
Und mach' mich von der Erde los;
Ich flieh' die bösen Zwitter
Und die Canaillen all'.

Mit dem Selbstmord des Kronprinzen zu Mayerling ging ihre poetische Periode zu Ende, sie verstummte.

Elisabeth hielt sich für eine begnadete Lyrikerin und traf komplizierte Vorkehrungen, wie und wo ihre Manuskripte sicher aufzubewahren seien,

bis einst, nach wechselvollen Jahren
die Lieder blühend daraus aufersteh'n

und ums Jahr 1950, nach dem Ableben aller betroffenen Zeitgenossen, für die verständnisvollen »Zukunftsseelen« der Nachwelt publiziert werden sollten.

Heinrich Heine, den Elisabeth schwärmerisch verehrte – »Jedes Wort, jeder Buchstabe, was nur in ›Heine‹ vorkommt, ist ein Juwel« – und mit dem sie lebhafte spiritistische Kontakte pflegte, habe, so behauptet sie, ihre Poeme geschaffen:

Vom Abend bis zum Morgen,
Von Früh bis in die Nacht
Muss ich stets lauschen, horchen,
Ob du mir nichts gesagt.

Das Murmeln deiner Ebbe,
Das Rauschen deiner Flut
Das sind mir alles Worte,
Zu halten treu in Hut.

Sisi Mitte der sechziger Jahre mit ihrem Lieblingshund Shadow – dem man übrigens, in Marmor, in der Ischler Kaiservilla begegnet. Sie ließ sich gern mit ihren Hunden fotografieren, lieber als mit ihrem Ehemann und ihren Kindern.

Mir dünkt, dass du dictiertest,
Zu schreiben nur bleibt mir;
Gedanken und Gefühle
Wehst du auf das Papier.

Man sieht es wohl: Der poetische Wert ist es nicht, der die Verse auszeichnet, und wir wollen doch sehr hoffen, daß die Kaiserin sich irrte und es nicht Heine war, der sie ihr aufs Papier geweht hat.

Die Bedeutung der Kaiseringedichte liegt weit außerhalb des Literarischen, nämlich darin, daß sie Dokumente sind für die Überzeugungen und Gedanken, Standpunkte und Empfindungen Elisabeths (die uns sonst nur wenig aus erster Hand hinterließ), daß sie Aufschluß geben über ihre Einschätzung des Wiener Kaiserhofes und seiner Persönlichkeiten, der gesellschaftlichen und politischen Umstände, daß sie unzensierte Zeugnisse sind, die sie uns zeigen als Pazifistin, Antimilitaristin, Republikanerin, virtuelle Revolutionärin, Träumerin und Illusionistin.

Die Monarchie lehnt sie ab und bezeichnet sie als »vergang'ner Pracht Skelett«; die Fürsten gehörten abgeschafft:

Wer weiss! gäb's keine Fürsten,
Gäb' es auch keinen Krieg;
Aus wär' das teure Dürsten
Nach Schlachten und nach Sieg.

Überhaupt könnte man auf die ganze schmarotzende Aristokratie verzichten:

Besser waren auch die Fischer,
Ehrlich, arbeitsam und schlicht,
Als das Heer Aristokraten,
Das auf fauler Haut hier liegt.

Noch besser die Tiere:

Doch am höchsten muß ich schätzen,
Dass kein Tier vermag zu schwätzen,
Folglich auch zu lügen nicht;
Lügen thut nur, was auch spricht.

In einem kleinen Tempel im Achilleion-Garten auf Korfu ließ Elisabeth ein Denkmal Heinrich Heines aufstellen, das Kaiser Wilhelm, als er das Achilleion gekauft hatte, sofort entfernte. Jetzt steht das Denkmal in Toulon und im Achilleion-Tempel ein Monument der Kaiserin.

Sie droht ihrer Habsburger Verwandtschaft:

Ich aber web' euch Kappen
Und näh' auch Schellen dran;
Als Narren geht ihr dann herum,
Man schaut sich lachend nach euch um;
Und seid ihr längst begraben,
Sie klingeln selbst noch dann –

und karikiert boshaft die Teilnehmerinnen am sonntäglichen kaiserlichen Familienmahl:

Diese, einer Schweizer Kuh
Gleich an fetten Formen,
Dünkt sich doch in stolzer Ruh'
Schön bis zum Abnormen.

Jene aber, hässlich, wie
Eine Hex im Märchen,
Lässt am Nebenmenschen nie
Steh'n ein gutes Härchen.

Die in greller Pfauenpracht
Dort und falschem Zopfe,
Ei, wie sie sarkastisch lacht,
Mit dem schiefen Kopfe!

Sie ruft zur Rebellion gegen das Haus Habsburg auf:

Ihr lieben Völker im weiten Reich,
So ganz im Geheimen bewundre ich euch:
Da nährt ihr mit eurem Schweisse und Blut
Gutmütig diese verkommene Brut.

Sie besingt die weite Nordsee und ihre eigene Ruhelosigkeit:

Wohl lieb' ich dich, du stolzes,
Du rauhes, barsches Meer
Mit deinen wilden Wogen,
Mit deinen Stürmen schwer!

Frei will ich dich umkreisen,
Wie deine Möven hier,
Ein bleibend' Nest zu bauen...
Für mich gibt's kein Revier.

Den Suezkanal findet sie weniger sehenswert:

Angeblich eins der letzten Bilder Elisabeths, im Jahr 1898, wenige Monate vor ihrem Tode aufgenommen. Oder, was wahrscheinlicher ist, wiederum eine Fotomontage.

Elisabeths Sorge, der bayerische Prinzregent würde sich »zum König salben« lassen, bewahrheitete sich nicht; so brauchten auch die Alpen nicht umzustürzen (siehe Gedicht Seite 104). Bayerns König war nach Ludwigs Tod sein geisteskranker Bruder Otto, in dessen Namen Prinz Luitpold die Regentschaft führte. Sein Bild, aus dem Jahr 1902, ist von Friedrich August von Kaulbach.

Die Flut im Suez-Kanale,
Die wälzt sich gelb und dick
Und spiegelt selbst nicht einmale
Das kleinste Blau zurück.

Sie jammert über ihre Einsamkeit:

Es teilt mein Seelenleben kein Gefährte,
Die Seele gab es nie, die mich verstand.

Was nicht sehr erstaunlich ist. Denn sie war ja nicht wie andere Leute:

Wandle ich auch unter Menschen,
Ihresgleichen bin ich nicht.

Oder doch?

Ich bin ja doch nur sicherlich
Ein Mensch, wie sie geboren.

Der Frage, welchen Weg die Seele wohl nach dem Tode nimmt, hat sie nachdenkliche Zeilen gewidmet:

Doch wohin? ist die Frage,
Der grosse Hieroglyph,
Der Seele bittre Plage,
Das Rätsel, grundlos tief.

Sie ist besorgt, daß wittelsbachische Wahnsinnsgene auch in ihr schlummern könnten, und bricht, frei nach Heines Reisebilder-Prosa, eine Lanze für die Verwirrten:

Den Verrückten als Propheten
Ehren hoch die Orientalen;
Aber hier in diesem Lande
Müssen beide stürzen fallen.

Die Schwiegertochter Stephanie besingt sie als »mächtig Trampeltier« und als »Kröte, gelb und dick«, und auch ihrer Tochter Gisela geht es nicht besser. Sie wird porträtiert, als sie, 1887, beim Familiendiner mit ihren vier Kindern und ihrem Mann, dem Prinzen Leopold von Bayern, neben dem Kaiser sitzt:

Oberon zu Deiner Linken
Einer rackerdürren Sau
Blaue Äuglein ehrlich blinken,
Ähnlich Dir fast im Geschau.

Ihre Ferklein, herzig kleine,
Bracht' sie aus dem Nachbarreich;
Sehen dort dem Vaterschweine
Bis aufs letzte Härchen gleich.

Den bayerischen Prinzregenten Luitpold verflucht sie – im Einklang mit der Meinung weiter Kreise der Bevölkerung – als den Hauptschuldigen an König Ludwigs Tod:

Seht den heuchlerischen Alten!
Drückt ihn sein Gewissen nicht?
Thut so fromm die Hände falten,
Sauersüss ist sein Gesicht.

Wie sein langer Bocksbart wackelt!
Falsch're Augen sah man nie;
Ist sein Hirn auch ganz vernagelt,
Steckt es doch voll Perfidie.

Seinen Neffen, seinen König
Stiess er tückisch von dem Thron;
Doch dies ist ihm noch zu wenig,
Säh' sich dort gern selber schon.

Könnt ihr auch noch dies ertragen
Bayerns Volk, dann seid ihr's werth,
Dass, am Pranger angeschlagen,
Ihr in Ewigkeit entehrt!

Eh' sie ihn zum König salben,
Stürzt mit donnerndem Gekrach
Wenigstens ihr, stolze Alpen,
Tötend über Bayerns Schmach!

Auch die Schweizer müssen sich eine Reklamation gefallen lassen:

Schweizer, Ihr Gebirg ist herrlich!
Ihre Uhren gehen gut;
Doch für uns ist sehr gefährlich
Ihre Königsmörderbrut.

Wie recht Sisi mit diesen Zeilen hatte, sollte sich elf Jahre später erweisen.

Durch eine ganz kleine Öffnung zum Himmel hinan

Am 10. September 1898, einem ansonst freundlichen, sonnigen Frühherbsttag, mittags um zwei Uhr herum ist die Kaiserin Sisi/Elisabeth gestorben, 60 Jahre, acht Monate und siebzehn Tage alt, in Genf im Hotel »Beau-Rivage« (das später, 1987, auch Uwe Barschel zum Verhängnis wurde).

Sie befand sich in Territet zur Kur, hatte der Baronin Rothschild einen Besuch gemacht, im »Beau-Rivage« geschlafen und wollte über den Genfer See nach Montreux zurück. Sie war wohlauf und sogar ganz gut aufgelegt, plauderte mit ihrer Hofdame, der Gräfin Sztáray, über die Schönheit einiger blühender Kastanienbäume, als ein junger Mann auf sie zulief, sie anrempelte und ihr dabei unauffällig eine feinzugespitzte Feile ins Herz stieß.

Die Kaiserin fiel um, erhob sich wieder, rückte ärgerlich den Hut gerade, ließ sich Schirm und Fächer reichen, grüßte die Umstehenden, sagte: »Es ist mir nichts geschehen«, fragte: »Was wollte eigentlich dieser Mensch?« und rief: »Eilen wir lieber aufs Schiff.« – »Frisch und elastisch«, so ist es überliefert, schritt sie noch fast hundert Meter weit zum Landesteg, ging an Deck, sank um, kam wieder zu sich, wollte wissen: »Was ist denn jetzt mit mir geschehen?«, brach erneut

So ungefähr hat sich der Mord an der Kaiserin abgespielt. Mit einer spitzig zugeschliffenen Feile trifft der Attentäter sie ins Herz. Eine kleine Gedenktafel nahe der Mordstelle am Quai du Mont-Blanc erinnert den Genf-Besucher daran.

Folgende Doppelseite:

Der Genfer See bei Montreux. Hierher wollte Elisabeth auf dem Schiff zurückfahren; denn sie befand sich zur Kur im nahe gelegenen Territet.

Assassinat de l'Impératrice d'Autriche
LE CRIME

zusammen, wurde ins Hotel transportiert und starb.

Daß sie durchbohrten Herzens noch bis aufs Schiff gelangen konnte, ist erstaunlich, dennoch aber kein richtiges Wunder. Da die Feile dünn und die Wunde sehr klein war, sagen die Mediziner, tröpfelte das Blut nur langsam in den Herzbeutel, und so dauerte es eine Zeitlang, bis die Blutansammlung die Herztätigkeit vollends lähmte.

Was wollte dieser Mensch? – Er hieß Luigi Lucheni, war 26 Jahre alt, in Paris geboren und dort von seiner italienischen Mutter im Spital hinterlassen worden, wuchs auf als Findel-, Heim- und Pflegekind, war Hilfsarbeiter, Kavalleriesoldat, Offiziersdiener, Maurer und Anarchist und hatte sich dem Kampf gegen die herrschende Klasse der Großen, Reichen und Faulen verschrieben. Nur wer arbeitet, fand er, solle essen; Tod der Aristokratie!

Daß er ausgerechnet die österreichische Kaiserin erdolchte (die sowieso kaum etwas aß und überdies seine Meinung teilte), war ein Zufall, eine Notlösung. Eigentlich hatte er den französischen Kronprätendenten Prinz Henri von Orléans als Opfer ausgesucht; der aber war nicht da, so sollte es dann halt »irgendeine hochgestellte Persönlichkeit« sein, egal, ob König, Präsident, ob Prinz, ob Kaiserin, und so fiel seine Wahl auf Elisabeth.

Kurz drauf wurde er verhaftet, vors Gericht gestellt – stolz auf seine Tat und auf den Zeitungsruhm, den sie ihm brachte – und zu lebenslanger Kerkerhaft verurteilt; im Jahr 1910 hängte er sich in seiner Zelle auf.

Neue Freie Presse.
Extra-Ausgabe.

№ 12230. Wien, Samstag, den 10. September 1898.

Die Kaiserin ermordet!

Wien, 10. September, 5 Uhr Nachmittags.

Eine entsetzliche, niederschmetternde Nachricht ist soeben eingetroffen. Unsere edle Kaiserin Elisabeth, aus deren Händen die Welt nur Gutes empfing, ist an den Ufern des Genfer Sees, wohin sie gekommen war, um Heilung für ihre Leiden zu finden, von einem Elenden ermordet worden.

Folgende Depeschen sind uns zugegangen:

Genf, 10. September. **Kaiserin Elisabeth** hatte heute eine Spazierfahrt mit dem Dampfer über den Genfer See unternommen. Als das Schiff in Genf landete und die Passagiere das Schiff verließen, **näherte sich der Kaiserin ein Individuum, das ihr ein Dolchmesser in die Herzgegend stieß.** Die Kaiserin wurde blutend aufs Schiff gebracht. Da sich ihr Zustand sichtlich verschlimmerte, trug man die Kaiserin ans Land und bettete sie auf eine Tragbare, **wo sie den Geist aufgab.**

Der Mörder, ein Italiener, wurde von der Menge **sofort festgehalten** und in Haft gebracht. Er gab an, ein **Anarchist** zu sein.

Genf, 10. September. Als die Kaiserin ins Hotel gebracht wurde, war sie bereits eine Leiche.

Wien, 10. September. Der Minister-Präsident Graf Thun ist soeben nach Schönbrunn gefahren, um den Kaiser die Unglücksbotschaft mitzutheilen.

Unentgeltlich.

Die »Freie Presse« hat, wie man liest, in der Eile etwas schlampig recherchiert: Nicht als sie das Schiff verlassen hatte, sondern kurz ehe sie's betrat, hat das Individuum Lucheni sie erstochen.

Nach der Tat lief der Mörder Luigi Lucheni davon, wurde aber alsbald eingefangen. Freundlich lächelnd und offensichtlich hochzufrieden mit sich und seiner Tat läßt er sich abführen.

Gestorben ist die Kaiserin im Hotel »Beau-Rivage«. Eine Ehrenabordnung der Schweizer Armee kam zur feierlichen Abholung der Leiche. In einer Vitrine neben der Rezeption werden Sisis Handschuhe, ihr Hut und ein paar verwelkte Rosen aufbewahrt. Auch zwei Kleider, die sie im Hotel vergessen hat, zählen zum Beau-Rivage-Reliquienschatz.

Die Welt war empört, die Wiener verprügelten ein paar italienische Bauarbeiter, und am 17. September wurde Elisabeth beigesetzt, in Wien, in der Kapuzinergruft.

Das Ende der Kaiserin Sisi gilt als tragisch, schrecklich, grausam und entsetzlich. Aber war es das? War es wirklich traurig?

War es nicht, recht betrachtet, ein durchaus schöner Tod, der sie ereilt hat? Plötzlich und unerwartet, unbemerkt, schnell, ohne Siechtum und Intensivstation, bei sonst zufriedenstellender Päßlichkeit. Dazu dramatisch und – wenn man davon absieht, daß Sisi gewissermaßen bloß als Double und Ersatzperson fungierte – standesgemäß, ästhetisch einwandfrei und sympathieerregend. Wer möchte nicht, wenn's denn schon sein muß, auf eine solche Art ums Leben kommen, in den Himmel gebetet vom Mitge-

fühl der halben Welt, überdies ohne eine nennenswerte Lücke zu hinterlassen?

Zudem lag der Meucheltod ganz im Sinn der melancholischen, lebensmüden Kaiserin. »Ich ersehne den Tod«, soll sie gesagt haben, »ich bin bereit zu sterben, ich wünsche nur, daß ich nicht viel und lange leiden muß. Ich wünsche mir einen schnellen, schmerzlosen Tod. Ich möchte nicht in meinem Bette sterben.« (C. Tschudi) – »Ich wollte, meine Seele schwänge sich durch eine ganz kleine Öffnung im Herzen zum Himmel hinan.« (J. de la Faye) – Genau dies ist geschehen (nur für den Himmel können wir nicht garantieren).

Wie authentisch alle diese Zitate sind, ist natürlich schwer zu sagen; die Dichtkunst bemächtigt sich solcher Fälle in der Retrospektive ja gern und flink. Doch wenn nicht wahr, sind die Kaiserinnenworte jedenfalls einfühlsam erfunden.

Wie König Ludwig seinerzeit Elisabeth erschienen ist, so findet sie sich nun, diamantengeschmückt, schlank, schön und jung wie einst, beim kriegführenden Franz Joseph ein. »Sieg, Kaiser, Sieg – es muß der Feind zerschellen / An deiner tapfer'n Söhne Mut!« ruft sie ihm zu.

Die Kapuzinergruft in Wien. Hier liegt Kaiser Franz Joseph bestattet. Neben ihm die Sarkophage des Kronprinzen Rudolf (links) und der Kaiserin (rechts). Mit 86 Jahren erst, 1916, ist Franz Joseph gestorben. Dies brachte ihm einen Eintrag ins Guinness-Buch der Rekorde als längstregierender österreichischer Monarch.

Angerer-Foto der Kaiserin vom Jahr 1867.

Sisi-Literatur - eine Auswahl

Rosa Albach-Retty: So kurz sind hundert Jahre. München–Berlin 1978

Marie Blank-Eismann: Sissi. Der Schicksalsweg einer Kaiserin. Dresden 1937

Jean de Bourgoing: Briefe Kaiser Franz Josephs an Frau Katharina Schratt. Wien–München 1964

A. de Burgh: Elisabeth, Kaiserin von Österreich und Königin von Ungarn. Blätter der Erinnerung. Wien 1901

Raymond Chevrier: Sissi. Das Leben der Kaiserin Elisabeth von Österreich. Stuttgart 1987

Constantin Christomanos: Tagebuch-Blätter. Wien 1899

Egon Caesar Conte Corti: Elisabeth. Die seltsame Frau. Graz–Wien–Köln 1934

Mary Cuncliffe Owen: The Martyrdom of an Empress. London 1903

Aloys Dreyer: Maximilian, Herzog in Bayern. Schriftsteller und Komponist. München–Leipzig 1919

Jacques de la Faye: Elisabeth von Bayern, Kaiserin von Österreich und Königin von Ungarn. Halle 1914

Francis Gribble: Franz Joseph. Berlin 1921

Brigitte Hamann: Sisis Familienalbum. Dortmund 1980

Brigitte Hamann: Kaiserin Elisabeth. Das poetische Tagebuch. Wien 1984

Brigitte Hamann: »Meine liebe, gute Freundin!« Die Briefe Kaiser Franz Josephs an Katharina Schratt. Wien 1992

Brigitte Hamann: Elisabeth, Kaiserin wider Willen. 14. Auflage. Wien–München–Berlin 1995

Joan Haslip: Elisabeth von Österreich. München 1972

Eugen Ketterl: Der alte Kaiser. Wie nur Einer ihn sah. Wien–München–Zürich–Innsbruck 1980

E. M. Kronfeld: Franz Joseph I. Intimes und Persönliches. Wien 1917

Museum Österreichischer Kultur, Eisenstadt: Elisabeth, Königin von Ungarn (Ausstellungskatalog). Wien–Köln–Weimar 1991

Friedrich Saathen: Anna Nahowski und Kaiser Franz Joseph. Aufzeichnungen. Wien–Köln–Graz 1986

Franz E. Schilke: Elisabeth und Ludwig II. Im Spiegel von Medizin und Kunst. München 1993

Leo Smolle: Elisabeth. Kaiserin von Österreich und Königin von Ungarn. Ein Lebensbild. Wien 1904

Irma Gräfin Sztáray: Aus den letzten Jahren der Kaiserin Elisabeth. Wien 1909

Clara Tschudi: Elisabeth, Kaiserin von Österreich und Königin von Ungarn. Leipzig 1906

F. B. Tschudy: Illustrirtes Gedenkbuch zur immerwährenden Erinnerung an die glorreiche Vermählungsfeier Seiner k. k. Apostolischen Majestät Franz Joseph von Oesterreich mit ihrer königl. Hoheit der Durchlauchtigsten Frau Herzogin Elisabeth in Baiern, vollzogen in Wien am 24. April 1854. Wien 1854

Juliane Vogel: Elisabeth von Österreich. Momente aus dem Leben einer Kunstfigur. Wien 1992

Maria Freiin von Wallersee: Meine Vergangenheit. Wahrheit über Franz Josef / Schratt / Kaiserin Elisabeth / Andrassy / Kronprinz Rudolf / Vetschera. Berlin 1913

Maria Freiin von Wallersee: Kaiserin Elisabeth und ich. Leipzig 1935

Henri de Weindel: Behind the Scenes at the Court of Vienna. London 1914

John Welcome: Die Kaiserin hinter der Meute. Elisabeth von Österreich und Bay Middleton. Wien–Berlin 1975

Fotonachweis

(Die Standortangaben der Originale sind in Klammern angegeben, soweit nicht mit der Bildquelle identisch.)

Alban Berg Stiftung, Wien: 96

Archiv für Kunst und Geschichte, Berlin: 92, 94, 105

ARTOTHEK – Joachim Blauel, Peißenberg: 102 (München, Bayerische Staatsgemäldesammlungen)

Bayerische Staatsbibliothek, München: 21 unten

Bayerische Verwaltung der staatlichen Schlösser, Gärten und Seen, München: 57 (Herrenchiemsee, Ludwig-II.-Museum)

Bildarchiv Bruckmann, München: 1 (Budapest, Magyar Nemzeti Muzéum), 52, 111

COLORVISION © Hans Rudolf Uthoff, Hamburg: 44/45, 91 oben, 91 unten

IFA-BILDERTEAM: 6/7 (Lauer), 19 (Riedl)

Archiv/INTERFOTO, München: 22, 46, 54, 55, 56

Sammlung Jean Louis, München: 58, 59

Kunsthistorisches Museum, Wien: Titelmotiv, 13, 47, 51, 63

Magyar Nemzeti Muzéum, Budapest: 62, 67 unten, 81, 95

Ludwig Merkle, München: 29, 48, 60, 73, 98, 110 oben

Ali Meyer, Historical & Fine Art Photography, Wien: 2/3 (Wien, Kunsthistorisches Museum), 4/5, 24/25 (Wien, Kunsthistorisches Museum), 26 (Wien, Hofburg), 31 (Wien, Historisches Museum), 34/35 (Schloß Schönbrunn), 53, 70, 82, 83 (Wien, Heeresgeschichtliches Museum), 87 (Wien, Historisches Museum), 89, 90, 99 (Wien, Historisches Museum), 108 oben, 110 unten

Münchner Stadtmuseum, München: 14 (© Wolfgang Pulfer), 16, 17 (© Wolfgang Pulfer), 21 oben

Copyright by Direktion der Museen der Stadt Wien: 33, 36, 37 (Fotostudio Otto, Wien), 76/77, 100, 101

Österreichische Nationalbibliothek, Wien: 20, 23, 30, 38, 39 oben, 41, 61, 67 oben, 71, 74, 78, 80, 85, 86, 97, 103, 108 unten

Privatarchiv: 18, 79

© Ulli Seer/LOOK: 8/9, 43

Süddeutscher Verlag, Bilderdienst, München: 32, 84, 109

© Technisches Museum Wien (Aufnahme: E. Babsek): 93

Martin Thomas, Aachen: 68/69, 106/107

Fürst Thurn und Taxis Kunstsammlungen, Regensburg: 15, 49

Tourismusverband/Kurdirektion, Bad Ischl (© Foto Hofer): 27, 28

© Viennaslide, Wien: 64 (Harald A. Jahn), 66 (Wanzel)

Wittelsbacher Ausgleichsfonds, München: 50

© Ernst Wrba, Sulzbach/Taunus: 10/11, 39 unten, 40